# 翻转式学习

## 21世纪学习的革命

## TURNING LEARNING RIGHT SIDE UP
## Putting Education Back on Track

拉塞尔·L. 阿克夫（Russell L. Ackoff）
丹尼尔·格林伯格（Daniel Greenberg） 著
杨彩霞 译

中国人民大学出版社
·北京·

# 作者简介

**拉塞尔·L·阿克夫（1919—2009）** 宾夕法尼亚大学沃顿商学院管理学名誉教授，宾夕法尼亚大学组织动力学中心杰出成员。他拥有英国赫尔大学系统研究中心的客座席位，是墨西哥国家独立大学、伯明翰大学、里斯本大学、（位于圣路易斯的）华盛顿大学的客座教授。1941年获宾夕法尼亚大学建筑学学士学位。1947年获宾夕法尼亚大学科学哲学博士学位。他还先后获得美国、秘鲁和英国的大学的七个名誉学位。1942—1946年服军役。1986年从沃顿商学院退休。曾担任社会系统科学系主席、系统研究中心主任。他著有23部论著，最近的著述有《管理法则》，与赫伯特·艾迪生和萨莉·比布合著（*Management f-Laws*，Triarchy Press，2007）；《理想化设计》，与杰生·马吉德松和赫伯特·艾迪生合著（*Idealized Design*，Wharton School Publishing，2006）；《抨击这个体制》，与谢尔登·罗万合著（*Beating the System*，Berrett-Kohler，

2005)；《重新设计社会》，与谢尔登·罗万合著（*Redesigning Society*，Stanford University Press，2003)；《重新创造公司》（*Re-creating the Corporation*，Oxford University Press，1999)；《阿克夫精选集》（*Ackoff's Best*，Wiley，1999)；《民主的企业》（*The Democratic Corporation*，Oxford University Press，1994)。他还在各类书刊上发表了200多篇文章。阿克夫是美国运筹学协会的发起人和前会长、管理学学院的创办人和前任副院长、普通系统研究学会的前会长。他还当选为俄罗斯联盟自然科学研究院和国际管理研究院的成员。2001年，在宾夕法尼亚大学成立了以他名字命名的阿克夫系统方法发展中心（ACASA)。他在研究、咨询、教育方面所做的工作涉及美国的350多家公司和75个政府机构。

**丹尼尔·格林伯格（1934— ）** 他最为人知的成就是阐发了关于儿童在世界上地位的独特观点，实践了一种适合21世纪的独创性教育理念。

他撰写了大量著作，探讨了他协助成立和发展的位于马萨诸塞州弗雷明汉的瑟谷学校这一独特教育环境的哲学和实践。自1968年该校成立以来，他就一直在这里就职。他的许多著述有助于说明如何把后工业化时代的世界状况与一种认为所有人都在努力寻求知识和能力（同时不断地形成一个一致的世界观）的人性观结合起来。

他为那些有教育实践新理念，并使参与式民主的思想适应教育背景的人们担任顾问、出谋划策。

他发表的著述有：《创造中的世界》，该文对个体培养自身世界观的方法进行了审视；《重新审视学校》一文分析了教育史；《美国的教育》；《一种更清晰的看法：瑟谷模式的新视角》。他与他人合作，对瑟谷校友开展了两项研究，即“信任的遗产”和“对幸福的追求”。此外，他还撰写了《开启一个瑟谷学校》一文。其他开拓性文章涉及从民主制度史到养育孩子等话题，可浏览学校的网页 www.sudval.org。

丹尼尔住在波士顿郊区。1960 年获哥伦比亚大学理论物理学博士学位，担任该校物理系和历史系教师。他发表的著述对这两个领域都有涉猎。此外，他还从事出版业和商业。他的妻子汉娜也是瑟谷学校的创建人之一，现在就职于该校。他们育有三个子女，现已长大成人，三个孩子都毕业于瑟谷学校。

# 前　言

我们是在一次探讨21世纪的学习的会议上初次见面的。当时，我们非常兴奋地发现，彼此对对方的教育路径深有同感。我们都在许多不同环境——中小学、大学、(大大小小的)商界、非营利组织——跟不同年龄段的人打了多年交道，阐发那些大多被视为激进且不现实的观点。我们都在努力使梦想变成现实，并且都获得了足够的支持和成功，从而激励我们能够继续沿着这条路走下去。

然而，我们之间从未直接或间接地接触过。很快，我们发现我们拥有共同的兴趣、目标但却迥然相异的人生道路。我们很快成了朋友。

有一天，我们开始探讨一个我们有共同兴趣的话题。因为我们离得太远，不可能定期会面，于是我们开始写信。由于E-mail的便利，我们之间的交流从一开始就变成了交谈，采用的是一种快捷的思想交流方式，虽然这是以书面而非口头的形式进行的。

我们通过 E-mail 聊得越多，就越多地挖掘出我们一生一直所关注的教育的方方面面。

最后，这本书产生了。我们相信，这本书会让那些困惑于同样问题的人产生兴趣。

我们希望在这本书中保持我们独一无二的声音和方法，读者可以清楚地感觉到。读者即将读到的是我们的实际交谈，而非两种单独世界观的混合和同质化。在每一章中，我们使用专门的标示把我们每人的观点划分开来，这样读者就能够区分我们各自的“声音”。但是，本书最后一部分谈论的是我们理想化的教育观，因此我们觉得可以使用一种不加区分的声音。

从这项合作事业中，我们获得了无穷的乐趣。我们希望读者欣然地窃听我们的谈话。

# 目　录

## 第三部分　构想理想化的终身教育



## 第四部分　附记：理想的学校

# 绪论：何为教育

在我看来，教育是把学生灵魂中已存在的东西引导出来……放进一些那儿本来没有的东西……我不称其为教育。我称之为侵扰。

——缪丽尔·斯帕克[①]

在开始探讨教育实践之前，有必要先退一步明确一下教育事业的核心目标。如果不清楚理解教育的目标，就不可能对实

① 缪丽尔·斯帕克（Muriel Spark，1918—2006），苏格兰女作家，主要作品有《安慰者》、《我要活下去》、《公共形象》、《克鲁女修道院院长》等，其中《吉恩·布罗迪小姐的青春》被广泛赞誉为“描写爱丁堡最出色的作品”。1993年，因其对世界文学的影响获英国王室“女爵士”封号，并获得骑士荣誉。2004年，苏格兰艺术委员会创立了一个以她名字命名的文学基金。——译者注

施这些目标的机构提出合理的建议。[①]

通常，提出这一话题时，都是采用某种概括性的话语加以处理。下面就是这样的一句表述：学校存在的目的是为了让孩子在当今复杂社会中为生活做好准备。把教育与学校等同起来，假定教育的主要对象是孩子（或者不具备充分技能的成人，在此意义上，他们也“像孩子一般”），心照不宣地设想每个人都知道当今世界需要什么样的具体知识，这些看法统统都被视为不言自明的东西。讨论很快便转向实施教育的细节，包括课程设置、评估、教学法、当前儿童和成人发展理论这些具体方面。

比如，《美国遗产辞典》给教育所下的定义是，“传播知识或技能的行为或过程；系统化教导；教学；……正规学习”。《牛津英语辞典》里定义更短一些，即“滋养或养育的过程”。再参阅这一英语单词的词源——拉丁动词“educere”，其意思为“领出来”、“带出来”、“诱出来”、“唤起”，就可以看出当前对这一词语的定义与其原义偏离得有多远。

事实上，这才是古希腊哲学家所关注的教育的意义。对他

① 书中用背景色对两位作者的论述加以区分。在本书后面部分，不再出现背景色，是两作者观点融合后论述其所要阐述的共同思想。——编者注

们而言，教育是一个唤起每个人全部内在潜能的终身过程。这种潜能来自何方，却是属于神话的范畴，直到今天对我们来说仍是一个谜。然而，从美利坚合众国成立的初期开始，每个人生命中都存在某种核心目的却一直都是美国人思维的基石。对那些开国元老而言，每个人都有“不可剥夺的权利”去“追求幸福”这一观念是建立这个国家的核心依据。对他们而言，这个“权利”指的是发现、追求、实现自身存在的理由的权利，这赋予他们的生活以意义，他们可以从中获得满足感。这一权利宣言把美国这个新兴国家与其他国家区别开来，它成为美国独特的自由民主体制的关键因素之一。在几百年间，这种自由民主已逐渐吸引了世界各地越来越多的人。

对美国人而言，教育从一开始就意味着开发我们每个人所能做出的有意义的努力的过程，只要给我们这种机会，我们就愿意为此而不屈不挠地努力。对美国人而言，创建一个倡导秩序、宽容、和平共存以及对未来的希望的政体，关键取决于创建一种环境。在这种环境里，组成这一政体的每个个体都被给予尽可能多的机会去“追求个人生活的幸福”。探讨美国当今的教育，有必要充分理解这一点，并把它置于我们意识的前沿位置。

理解这一点具有几种意义。也许最显而易见的是，就其本质而言，教育并非是局限于童年或者主要围绕着童年而进行的过程。教育是个一生的事业，是个在一种环境里得以提升的过程，这种过程在尽可能大的限度上支持——更确切地说，是“滋养”——所有人在一生中为“发现自己”所做的努力。正如贯穿本书的思想所揭示的那样，初露曙光的21世纪在这一方面为人类提供了前所未有的途径。

其他需要思考的问题是：在我们的社会中，为何把孩子单独分开作为教育的主要对象？情况一直都是如此吗？如果不是的话，那这种状况又是怎样出现的？未来的前景如何？尤其是，这一发展跟教育这一词语从“领出来”到“教学”的转移有关系吗？

实际上，我们知道这些问题的答案。所有孩子都参加的大众教育只是近期才出现的现象，距今只不过150多年的光景。在过去漫长的历史中，人类并没有把所有的孩子都送到正规学校中去。在此期间，世界上所有史前的丰富文化、古代和中世纪的世界、文艺复兴时期以及前“现代”时期都得以形成、发展和传承。在此期间，绝大多数人生活在乡下或部落的极其有限的环境里，从尚未成熟的幼年时候起，孩子便已成为大社会必不可少的一分子。①

在工业革命掌控的社会里，人们对工业化向社会结构可能发出的挑战产生畏惧心理，于是孩子们去上学成为一个重要的特点。在拥有计算机和机器人的现代世界里，我们很容易忘记，在工业化的前两百年里，设计出来用于生产的机器，工作速度快得惊人，以前人类手工劳动永远达不到这样的速度。然而，这些机器实际上笨拙极了，其成功操作要依赖人力与机器力量的紧密配合。人必须作为机器的一部分，所做的是要求精确性、重复性且令人脑袋麻木的工作。

对于那些由于长期传统而习惯于保有大量受压迫的下层阶级②的社会——比如西欧的一些社会——而言，从传统的受奴役状态转向受制于机器和公司老板的新奴役状态算不上什么大不了的事儿。但是对美国而言，这种局面却更为棘手。在这里，有种文化宣称自己是个体自由的庇护者，并提供似乎是无

---

① 在开始有史记载的时期，我们所知的“学校”是这样一种地方：各个年龄段的人——主要是成人——通过交谈来互动，通过寻求问题的答案来理解这个世界。这类学校在古希腊和巴勒斯坦极为常见，之后传到整个罗马和波斯帝国，后来发展成现代欧洲的早期大学。

② “下层阶级”，1982 年美国作家肯·奥勒达（Ken Auletta）在《下层阶级》（*Under Class*）一书中，最先以这个词形容美国的贫穷下层人民。——译者注

穷无尽的机会让人们表达个人自由。要在这样的氛围中培养出一大批驯良温顺的人民，在生活中接受工厂体制的控制，这种挑战无疑是巨大的。[①] 在 19 世纪的头几十年，在美国成功进行工业化（及现代化）的唯一办法，显然是在童年时期就打破人们内在的自由精神。

这绝不是私底下偷偷摸摸地密谋做违背人性的事情。恰恰相反，当时美国的主要思想家公开坦率地对这个项目进行了探讨。他们着手为儿童创建一种环境，孩子们在其中接受强制性训练，成为听话顺从、服从命令、毫不反抗地从事极其单调乏味工作的人。在灌输和培训期间对孩子进行的约束，则被解释为是对他们的未来有好处因而必须要做的事情，是为了他们自身的发展，为了国家的兴旺，为了子孙后代的幸福。

而且，现代大众教育的创始者还决定，利用孩子在学校里的时间，通过无穷无尽的练习，给他们灌输在繁荣发达的工业环境里将会十分有用的某些技能。培养出来的劳动者要掌握三 R 技能——读（Reading）、写（Writing）和算术（Arithmetic），这样他们就能够理解基本指令，进行初步的书面交流，

① 没有人比托马斯·杰斐逊更清楚地意识到个人自由与工业文明的冲突性价值观。对杰斐逊而言，美国理想要求美国抵制工业对占据主导地位的农业经济的蚕食。

操作简单的办公设施，因此就成了世界上最具技能的大众劳动力。

根据工业化标准，美国大众教育取得了巨大成功。美国从一个死气沉沉的偏乡僻壤很快走到了工业化强国的前沿地带，达到了前所未有的生产水平和财富水平。儿童教育的大众化教学方法因而被证明似乎是正确的，并成为发达国家的教育模式。

我们探讨创建一种理想化的教育环境时，所面临的基本问题是：教育作为一个自我发现的终身过程，在 21 世纪，其核心意义能在像我们这样的自由民主国家得以恢复吗？如果可以的话，那么它要求我们当前的文化做出怎样的变革呢？

目前提供的教育有许多目标，有些目标是有意识的，有些则不是。一个极少让人意识到的目标就是维护和保持现状，即生产出不会对事态运行方式的本质方面提出挑战的那种社会成员。学生和教师可能会意识到——甚至喜欢——某些改善，然而这些改善往往是较小的、逐渐递增的改善，而非本质性的改变。有些名言警句可以反映出这一点，比如，适可而止，不要惹是生非，顺其自然。需要采取行动时，人们倾向于尽量做最少的事情来把问题解决掉。

教育具有赋予学生生活之意义的目标，这就要求使学生意识到他们可为别人创造的价值以及自己如何才能对他人有用、受他人尊重。这一目标包含在我所认为的教育应有的根本目标之内，即：使学生能够发展自身，能够为他们身为其中一分子的社会的发展做出自己的贡献。

令人遗憾的是，发展和成长经常被当作同义词。二者并不是一样的东西。任何一方都不可能离开另一方而独立存在。垃圾堆可以“成长”，但不可“发展”。爱因斯坦[①]早就不成长了，但他还在继续发展。

成长是体积或数量方面的增加。人们拥有的资源数量可以增加，并反映在生活水平方面。发展不是人们拥有多少东西，而是能将自己拥有的东西发挥到何种程度，这反映在生活质量方面。鲁滨孙·克鲁索[②]跟J·皮尔庞特·摩根[③]相比，

---

① 爱因斯坦（Albert Einstein，1879—1955），美籍德裔理论物理学家，创立了狭义相对论（1905）和广义相对论（1907—1916），提出了光子概念（1905），创立了光电效应定律，曾参与反战团体，反对法西斯战争、反对使用核武器，获1921年诺贝尔物理学奖。——译者注

② 鲁滨孙·克鲁索（Robinson Crusoe），是丹尼尔·笛福的小说《鲁滨孙漂流记》（1719）中的叙述者和主人公。该书是由一个叫亚历山大·塞尔柯克的苏格兰海员在荒岛上的探险经历激发灵感创作而成的，塞尔柯克独居的小岛因此得名“鲁滨孙·克鲁索岛”。——译者注

③ J·皮尔庞特·摩根（John Pierpont Morgan，1837—1913），美国金融家、铁路巨头，组建摩根公司（1895）、美国钢铁公司（1901）、国际收割机公司和国际商业海运公司（1902），在解救1895年及1907年美国金融危机中起过重要作用。——译者注

前者的发展模式是更好的。

发展是增强人的欲望和能力，从而满足自身的需求，使自己和他人的欲望合法化。合法化欲望指的是，满足这种欲望不会降低他人发展的欲望和能力。

发展是学习、增强自身能力的事情。因此，不能替他人学习。唯一可能的发展形式就是自我发展。他者——比如教育体系——可以而且应该鼓励和促进学生的自我发展。

发展分为四个方面，即科学的发展、经济的发展、伦理的发展和审美的发展。科学包括探索对自然现象的理解。技术是科学产品的应用，教育是科学技术的产品得以传播的主要手段。经济关系到追求富足，使人们可以方便地获取资源，从而利用科学技术产品。伦理关系到追求善、世界和平及心态平和。这意味着不要做任何妨碍他人发展的事情（恰恰相反，要促进他人的发展）。审美关系到追求美和乐趣，是创造性、娱乐性活动的产物。这四个方面共同作用，使得不断地追求发展更为可能。不断地追求发展实际是在努力奔向一个目标："无所不能"。这是个永远无法企及的目标，但人们总是可以离这个目标再近一些。

换言之，教育具有外在功能和内在功能。其外在功能或工具性功能是鼓励和促进学生的发展，佐助他们成为对别人有用之人及自立自给的社会成员。教育应该使学生学会为了谋生及为了对自己身为其中一分子的社会做出贡献所需要理解的东西。教育的内在功能是使其对象能够从不具工具性价值的活动中获取满足感。这类活动指的是文化活动和消遣性活动，比如欣赏音乐、美术、文学，进行娱乐性游戏。

美国的工业化和城市化主要是由于 19 世纪初期科学、技术和经济方面的发展引起的。因此，教育一直特别关注这些方面的成长和发展，而对伦理和审美方面关注极少。结果，工业革命带来了极大的破坏，形成了大量丑恶的东西，而我们却往往忽略或低估这两个方面。

在 19 世纪初期，美国还是个拥有极为分散的农场和小乡村的国家，并不具备大市场以支持工业化发展。在欧洲，人口集中在地理位置相邻最近的地方。这一点美国跟欧洲大不一样。因此，在美国进行工业化，需要有两大技术发展才可以实现。第一，交通使得小城镇和小村庄聚合成大市场，这是随着铁路的发展实现的。第二，市场之间快捷高效沟通的能力，这是通过发明电报以及随后而来的电话和无线设施实现的。

机器代替人成为一种能量来源，代替了人力，因而成为当时人们膜拜的偶像。这一点在弗雷德里克·W·泰勒[①]的著述中得到生动阐述。[②] 概括而言，泰勒把人力劳动降低为简单的基本工作，无专门技能的劳动者只需干些重复性的机器式工作就可完成此类任务。

随着工业化的进展，与之相关的工作和机械化变得愈发复杂起来。这就要求工人具备更多的技能和知识。学校因而拓展课程设置以迎接这一挑战。技术和职业学校开始出现并逐渐繁荣起来。而且，随着工业化的扩展，尤其是两次世界大战期间对劳动力的极大需求，妇女进入了劳动力市场。妇女得到了解放，孩子留给别人照顾或教育机构看护。这就给学校添加了一项新功能："当保姆"。

机械化生产取得了经济上的巨大成功，这使工厂的概念在社会上提升到了极高的地位。这种状况给教育家的建议是，要尽可能按照工厂的样式来设计和管理学校。学生逐渐被视为有待于机械加工的原材料，变成"有销路"的成品。

---

① 弗雷德里克·W·泰勒（Frederick W. Taylor，1856—1915），美国发明家、工程师，以创立科学管理制度泰勒制而被誉为"科学管理之父"，著有《科学管理原理》及论文《论传送带》、《计件工资制》等。——译者注

② Frederich W. Taylor, *Principles of Scientific Management*, New York: Harper & Brothers, 1911.

我们的社会现在已经进入另一个时代，它被称为后工业化时代。教育体制尚待于赶上这种变革。这种变革的本质也许在爱因斯坦的一段著述中可以得到最为简明扼要的表述："人们应该警惕，不要向年轻人鼓吹把通常形式上的成功作为人生的主要目标。在求学期间和生活中，最重要的做事动机是做事的快乐、对其结果感觉到的快乐以及知晓这一结果对社会具有价值。"这样一句具有普世意义的话语只有在后工业化时代的世界中才会讲出来。

# 第一部分

# 当今的教育体制败在何处

# 第一章　教与学

教育是一种令人钦佩的事情，然而需要时刻铭记在心的是：值得学的东西是教不出来的。

——奥斯卡·王尔德[①]

## 把教与学混为一谈

**传统教育强调教，而非学。**这种方式错误地认为，一盎司的施教会给受教者带来一盎司的学识。然而，我们在上学之前、上学期间以及毕业之后所学到的大部分东西并不是教

---

① 奥斯卡·王尔德（Oscar Wilde，1854—1900），爱尔兰作家，19 世纪末英国唯美主义的主要代表，主要作品有喜剧《认真的重要》、《少奶奶的扇子》和长篇小说《道连·格雷的画像》等。——译者注

来的。孩子学会走路、说话、吃饭、穿衣等基本技能，也都不是教来的。成年人在工作或休闲的时候，学会了工作和休闲的大部分知识。在课堂上所教的大部分内容都被抛在脑后，许多所教内容或者记忆的东西又和现实毫不相干。

在大多数学校里，诵记被误当成学习。大部分诵记的内容只能被记住很短的时间，很快便被忘得一干二净。（有多少人还记得如何得出平方根呢？有必要记吗？）而且，就连孩童都明白，期望他们在学校里所做的大部分事情，电脑、录音机、摄像机等设备可以做得更好，他们充当的只不过是此类机器和设施的可怜替代品罢了。为什么要求孩子——或者说成人，就此事而论——去做电脑和相关机器可以做得更好的事情呢？教育为何不强调人类比自己创造出来的机器和设备做得更好的那些方面呢？

谁在课堂上获益最多？这个问题若问那些有过教书经历的人，实际上他们都会说，“教师”。显然，对这些人而言，施教要比受教更能学到东西。施教使教师发掘对自己所教内容的思考。学校其实是颠倒过来的，应该是学生在教，而教师在学。[①]

---

① 我本人的经历使我可以更好地说明这一观察结果。第二次世界大战中断了我的学业，当时正是我研究生学习的第一学期。在我服兵役的四年间，大概只有六个月的时间是在作战。剩下的时间，我就撰写论文。到退伍时，我完成了论文的初稿。而且，我还阅读了大量书籍。

有一次，我在一所重点大学给本科生做讲座。讲座结束后，有位听讲座的学生走上前来跟我搭话。他先是赞美了我几句，然后问道，“您第一次教课是多久以前?”

我回答：“1941 年 9 月。”

“哇!”这位学生说，“这么说您教了 60 多年啦?”

“没错。”

“那您什么时候最后一次教您在学生时代就学过的课程呢?”

回答这个难题需要略加思索。我停顿了一会儿，说道：“1951 年 9 月。”

“哇！您是说 50 多年来您所教的都是没人教过您的内容？您都是自学来的?”

“是啊。”

“那您一定非常善学。”

---

1946 年，我从战场回来，去报名参加按常规要求完成的那些课程的学习。这时，研究生学院的院长把我叫去，他告诉我说，我让教员们感到很为难，因为我读的书远远超出了这些课程的内容。他提出让我教书，“教那些你需要学分的课程，我们给你这些课程的学分”。我照他的话做了。多么好的学习体验啊！我很快学会了我不知道的东西，学会了怎样整理和组织我所知道的内容。他们开始让我讲授一些我此前一无所知的课程。多好的机会啊！事实上，我从来没有在那个系接受过教育。

我谦逊地表示同意。

那学生接着说："太可惜了，您不是那么善教。"

这位学生说得很对。大部分教师要是擅长点什么的话，他们擅长的是学而非教。回想一下学生们在那单室学校[①]里互教的情景，教师只是充当向导和资源的角色，而非一个劲儿往学生头脑里硬塞猛灌之人。

学习有许多不同的方式，而施教只是其中一种。我们在自主学习或玩耍的过程中独自学会了许多东西。我们通过与别人的日常交往学到了许多东西，即与别人分享我们正在学习的内容，反之亦然。我们不断摸索，通过有所为而学到许多东西。早在我们所知的学校出现之前，就已有当学徒工的做法，即在内行指导下通过实习而习得某种技能。譬如说，对于学习建筑的人而言，设计并建造自己的房屋所学到的东西，要比上该领域多少门课程学到的东西都多得多。问及医生们是在课堂上学到的东西多，还是实习期间学到的东西多，他们都毫无例外地回答："实习期间。"

在教育过程中，应该为学生提供多种多样的学习形式，

---

① 单室学校（one-room schoolhouse），19 世纪末 20 世纪初在美国乡村地区常见的学校形式，所有的学生集中到一间教室里上课，一位教师向六至八年级水平的学生教授基础知识。现已不多见。——译者注

供其选择或者实践。学生没有必要采取同样的方式来学习不同的内容。在“求学”的最初阶段，他们就应该知道，他们的责任主要是学会如何学习——他们可以寻求帮助，但并不能把学习强加在他们身上。

**教育的目的是学，而不是教。**

教可以在两个方面充当学的强有力工具。令人遗憾的是，“教”与“论述”或“讲课”这些概念的联系过于密切，因此，我们现在暂且把“教”这一意义丰富的字眼儿搁在一边，而使用“向希望了解某事者进行解释”这一相当拗口的短语。解释的一个方面是使你对自己正在试图解释的东西——无论解释的是什么——达到一定的了解水平。如果我不是临时突击了牛顿[①]的力学，那我就不能很好地跟你解释牛顿是如何阐明行星运动的。我们总是会碰到期望我们进行解释的时候。（妻子问道，从家到福吉谷[②]怎么走呢？丈夫不想承认自己一点也不知道，就借口说去洗手间。其实他是马上去谷歌地图上搜索。）

---

① 牛顿（Sir Isaac Newton，1642—1727），英国物理学家、数学家和天文学家，提出了万有引力定律、力学三大定律、白光由色光组成的理论，并开创了微积分学，著有《自然科学的数学原理》、《光学》等。——译者注

② 福吉谷（Valley Forge），位于宾夕法尼亚，是美国独立战争（1775—1783）期间美国大陆军军营所在地。当时正值乔治·华盛顿的军队经历最为艰难的时期，也是重新训练和复原的时期。——译者注

在某种意义上，解释者学到的东西最多，因为在大多数情况下，被解释者会很快把听到的解释内容给抛在脑后。而解释者会发现，这种解释会更长久地萦绕在自己的脑海中，这是因为他们首先得费劲地弄明白所需解释的内容，然后才能做出解释。

通过解释使解释者本人更加充实、对话题理解更加深刻的第二个方面是，让听众满意，直到那人点头说，“哈，没错，现在我明白了！”解释者不仅要把解释之事自然地融入自己的世界观中去（即融入自己个人的参照系中，从而理解周围的世界），而且还得弄清楚如何把自己的参照系与被解释者的世界观关联起来，这样的话，他做出的解释对那个人也会产生意义。这就要求解释者做出极大的努力进入别人的内心。可以这么说，这种训练位居一般学习的核心位置。通过反复训练如何在我与别人的心与心之间形成联系，我正在接近从周围文化中学习这一艺术的核心。若无这一技巧，我只能从直接经验中学习；有了这一技巧，我可以从整个世界的经验中学习。因此，无论何时，我努力向别人解释某件事情并解释得很好时，我也在提升自己向他人学习的能力。

通过解释而学习的这一方面一直为大部分评述者所忽略。这很令人惋惜，因为正是学习的这两个方面使得整个世界不同年龄的人在一起相处交往成为如此富有价值的教育工具。小孩子总是从比自己年龄大的孩子那里寻求答案，有时候只是大一丁点儿的孩子（七岁的孩子把“体验丰富得多”的九岁孩子的人生智慧视为理所当然），不过通常是比他们大得多的孩子。年龄大些的孩子非常喜欢这样的事情，他们的能力在这些交往中得到很好的锻炼。他们必须弄明白向自己提出来的究竟是什么样的问题，还得搞清楚如何使自己的解释让那些年龄小的孩子听明白。同样的过程在整个世界一而再、再而三地出现，这就是社会保有各个年龄段的人非常重要的原因，同时也是把一定年龄段的人（儿童、老人）分开对学习以及总体文化的发展非常有害的原因。

过去在单室学校里所进行的活动正像我上面谈到的情形。实际上，对于单室学校里的成年教师是否总被视为任何既定话题的最佳权威，我并不是很肯定。我很早以前的一个经历恰好说明了这一点。我的长子八岁时，老跟一个名叫厄尼的十三岁孩子黏在一起（实际上他对厄尼崇拜极了）。厄尼非常喜欢科学，我儿子对世界上的一切都很好奇。有一天，他要我解释一种自然现象，这种现象属于我们逐渐称之为“物理学”的范畴。我从前是物理学教授，向我提出此类问题名正言顺。于是，我给了他一种答案——“正确”答案，就是他在书里能看到的那种答案。他非常生气，冲我大喊道：“不对！”我对他的反应非常吃惊，就问他怎么这样说。他立马说道：“厄尼是这么这么说的，他说的跟你根本不一样。厄尼知道的。”对我而言，这次经历充满启迪和喜悦。显然，他对厄尼的信任已不止一日。在两人长时间的交往中，厄尼不断地在两人的脑海之间搭建一座桥梁。他也许比我更成功，至少在某些方面如此。

有人可能会觉得奇怪，学被视为主要是教的结果，这种状况究竟是怎样形成的呢？一直到最近，世界上伟大的教师被认为是把自己的新颖观点讲给对其信息感兴趣的人听的那些人。摩西①、苏格拉底②、亚里士多德③、耶稣④都是这样的人。他们具有独创的见解，人们不远万里聚其身边就是想听听这些见解。在柏拉图⑤对话中，可以最为清晰地看到，人们来到苏格拉底身边并非为“学哲学”，而是聆听苏格拉底的哲学观（以及苏格拉底对他人哲学观所做的恶作剧般的诙谐攻击），正如

---

① 摩西（Moses），犹太教、基督教《圣经》故事中犹太人的古代领袖，传说《圣经》起始五卷为摩西所制律法。——译者注

② 苏格拉底（Socrates，469—399B. C.），古希腊哲学家，认为哲学在于认识自我，美德即知识，提出探求真理的助产术和辩证法。本人无著作，其学说仅见于他的学生柏拉图和色诺芬的著作。——译者注

③ 亚里士多德（Aristotle，384—322B. C.），古希腊哲学家和科学家，柏拉图的学生，亚历山大大帝的老师，雅典逍遥学派创始人，著作涉及当时所有知识领域，尤以《诗学》、《修辞学》等著称。——译者注

④ 耶稣（Jesus），传说中基督教的创始人。——译者注

⑤ 柏拉图（Plato，427—347B. C.），古希腊哲学家，创办了柏拉图学园，提出了理念论和灵魂不朽说，其哲学思想对西方唯心主义哲学的发展影响很大，著有 30 多篇对话和书信等。——译者注

他们去其他哲学家那里去听（学）后者的哲学观一样。换言之，教被认为是个人视角的公开展示，任何人都可以选择接受他们的观点或者选择离开，这要看他们是否感兴趣。

头脑正常的人都不会认为选修哲学家的课程是成为哲学家的唯一方式。恰恰相反，你若是渴望攀附上哲学家的头衔，你得拿出自己独到的世界观。这种情形适用于任何知识层面。你得搞清楚如何学习一种知识，然后接触那些愿意让自己的理解为公众所知的人——如果你认为这种努力值得的话。这是中世纪大学形成的基础。在这样的地方，思想家愿意花时间让自己的思想为公众所知。能够留下来的是他人（“学生”）觉得与自己的个人追求相关因而聆听这些人的思想是值得的那些思想家。

顺便说一句，对于教的这种态度并没有消失。20 世纪上半叶，量子论刚刚出现时，有抱负的原子物理学家们去往不同的地方取经。在这些地方，他们可以看到不同的理论家都在阐发自己的思想，而思路往往迥然不同。学生们到玻尔①所在的学

① 玻尔（Niels Bohr，1885—1962），丹麦物理学家，量子物理学的先驱。1913 年，他提出关于原子结构的理论——玻尔理论（Bohr theory）。因对原子结构的研究获 1922 年诺贝尔物理学奖。1957 年获美国首届和平利用原子能奖。——译者注

院去看看他如何阐发量子论，然后去海森堡[1]那里，到爱因斯坦那里，到薛定谔[2]那里，到迪拉克[3]那里，等等。适用于物理学的东西同样适用于艺术、建筑……凡是你能想到的，莫不如此。今天仍是这样。人们去往贝聿铭[4]那里，不是去学习"建筑"，而是去学习他是怎样设计建筑的，即去看他通过讲解和演示的方式把他的方法"教"给你。学校应该让人能去自己想去的地方，而不是去别人想让他们去的地方。

大众教育出现的时候，麻烦也就随之出现了。因为有必要：

---

① 海森堡（Werner Heisenberg，1901—1976），德国物理学家，量子力学的创始人之一。提出测不准原理及矩阵理论，获1932年诺贝尔物理学奖。——译者注

② 薛定谔（Erwin Schrödinger，1887—1961），奥地利物理学家，量子力学奠基人之一。因建立量子力学的波动方案，于1933年和迪拉克共获诺贝尔物理学奖。——译者注

③ 迪拉克（Paul Dirac，1902—1984），英国理论物理学家，量子力学的创始人之一，首创量子力学的变换论和辐射的量子论。——译者注

④ 贝聿铭（I. M. Pei，1917— ），全名为Ieoh Ming Pei，常被缩写为I. M. Pei。美籍华人建筑师，其父贝祖诒是中国银行创始人之一。作为最后一个现代主义建筑"大师"，他被认为是一个注重抽象形式的建筑师。贝聿铭设计了大量的划时代建筑，费城社交山大楼的设计使贝聿铭获得了"人民建筑师"的称号。贝聿铭被誉为"美国历史上前所未有的最优秀的建筑家"。1983年，他获得了建筑界的"诺贝尔奖"——普里茨克建筑奖。"让光线来做设计"是他的名言。建筑融合自然的空间观念，主导着他一生的作品，如全国大气研究中心、伊弗森美术馆、狄莫伊艺术中心雕塑馆与康奈尔大学姜森美术馆等。——译者注

● 确定人们所应具备的技能和知识，从而成为工业化时代发达国家的多产公民。

● 确保这一信息被定义和被标准化的方式得到实施，以适应工业文明所要求的标准化。

● 开发用于描述和交流标准化信息的手段（比如教材、课程等）。

● 训练人们理解标准化材料并掌握传播材料的手段（教师培训、教学法）。

● 建立受训者（孩子）与培训者（不恰当地称之为“教师”，这赋予他们一种名不副实的身份）可以会面的场所——所谓的“学校”（该词又是从一个极为不同的环境“骗取”而来，赋予这些新建机构本身所不配的尊严）。

● 提供实施这一重要的文化、社会激变所必需的强制性支持。

为了保持所有那些革新社会秩序的历史努力，制定并实施策略的精英领导们滥用语言，颠倒其意，使用那些在新的方面受到极大尊重的辞藻。然而，这种做法却使那些不甚明了的公众对新秩序感到称心如意。每个用语——**教师**、**学生**、**学校**、**纪律**等，都带上了与其原本意思大相径庭的新意义。

下面以我最近的一次经历为例加以说明。我参加了学校顾问会议，会上提出了指导学生方面的最新观点。我所参加的分会讨论自律和责任的开发，因为我非常想知道这些概念对根植于传统教学的人意味着什么。在我看来，自律是指在无外界强压的情况下追求目标的能力；责任是指主动地采取适当的行动，而无须他人的鞭策。而在与会人员看来，这两个概念主要跟孩子完成布置给他们的课业有关系。他们解释说，一个指导顾问的正确作用是使学生明白，负责任的行为是指按照规定及时高效地完成作业；自律是指完成作业的决心。乔治·奥威尔[①]在背后眨巴眼睛呢。

如今，有两个领域在使用“**教育**”一词，但意义相反。其中一个领域包括我们教育联合体里的中小学和大学（甚至研究生学院）。在这里，标准化占据上风。在这个领域里，工业化培训特级大厦努力要生产一种仿真品，这种产品被称为“为 21 世纪而接受教育者”。第二个是信息、知识和智慧的领域，居住在这个世界里的是那些不被束缚在校园里的真正的

---

① 乔治·奥威尔（George Orwell，1903—1950），英国小说家、新闻记者，原名 Eric Arthur Blair，曾一度信仰马克思主义，后宣扬社会民主主义，主要作品有反映乌托邦政治的讽刺小说《动物庄园》和《一九八四》。——译者注

人。在这个领域里，学习活动的进行正如它过去一贯的样子，教育的主要内容之一就是把智慧传授给（尤其是给）那些自愿倾听者。

我对教育领域的一些词语的理解如下：

- 在我看来，**教授**是指把信息、知识、理解或智慧通过言语（通常为授课）或书面（如教材）的方式传授给别人。本质上，这是一种单向交流。问与答并非讨论，而是用以前讲述过的意义对教进行拓展的一种形式。教授或告知，或教导，或解惑，或启蒙。解惑传递理解，启蒙传递智慧。

- 在我看来，**指导**是指以口头或书面的形式传播知识以及做事的方式，通常伴有（指导者的）阐释。

- 在我看来，**培训**是指向他人灌输一种通常不断重复的具体行为或一套行动，这可以通过口头或书面的方式进行，通常伴有实例。

“指导”与“培训”之间的区别十分微妙，但非常重要。比如说，我可以指导你如何驾驶，而无须自己亲自去开车或者让你开车。但如果我是要培训你驾驶，那么我会让你开车，直到你可以独自驾驶为止。因此，培训是指导加上训练，也就是运用。

- 双方或多方在讨论中分享其知晓或明白的内容，我称之为**揭示**。把某种东西展示出来以期他人接受或反对，就是**讨论**。

● **智慧**既不是教授出来的，也不是指导出来的，更不是培训出来的。智慧是传授下来的，供人获取。不能把它强加于人，也不能靠死记硬背来教会。

**教育**包含以上所有的内容。尽管教育往往关涉言语，但它不一定非要如此。在学徒阶段（比方说在画室或雕塑室里），只消看看他人是怎样做的，就是学习的过程。自然，言语可能会在很大程度上对观察加以补充。

**智力是学习的能力，而不是衡量学习多少内容的手段。**

## 激发学习动力

无论教得多么“出色”，无论学习机会多么“难得”，没有学习动力者学不到任何东西。有学习动力的年轻学生和成年人无师自通，他们可以通过自己选择的方法做到这一点。譬如说，美国统计协会（American Statistical Association，ASA）曾对其会员做过一次调查，以选出对该领域做出最大贡献的四位当代统计学家。当选的四位统计学家在该协会周年庆祝会上发表了讲话，他们当中谁也没有学过任何一门统计学课程。他们每一个人都是想解决一个需要使用统计方法才能解决的问题。而当时，他们需要的方法还不存在，于是他们创立了新的方法。

学习动力的力量可以从下面的故事中得到阐发。一个旧城的贫民区的政府官员发现，大部分少数族裔儿童虽然上完了小学，实际上却是半文盲。教育理事会专管识字部门的人都被叫了来，但于事无补。于是这位政府官员向当地一所大学的一位毫无扫盲经验的教授求助。这位官员解释说，专家们解决不了的问题，局外者也许有办法。

这位教授研究过该社区的其他问题，他知道这些孩子并不愚笨。相反，他们有着机警得惊人的生存头脑。因此，教授怀疑他们读书方面的缺陷是由于缺乏动力所致，而非智力方面的原因。在研究生的协助下，教授在该社区进行了挨家挨户的调查，看看有多少家有藏书。结果发现65%以上的人家都没有。而且他还发现，上学的大部分儿童极少（要是有的话）听过父母或其他成人给他们读书，甚至极少见过有人读书。

在他们的成长环境中，文化是以口头传承而非读写为主导方式代代相传的，说唱是这种文化的一个发明，而读写对他们来说则很陌生。

教授使用从西尔斯[①]基金会那里获得的资金购买了一套查理·卓别林[②]的无声片，每天在小学礼堂里放映，允许学生随意进来看电影。一时间，渴求识字的气氛弥漫着整个校园，学习开始了。因为学生们特别渴望能看懂电影中的字幕。

当我们看到自己所钦佩、尊重和爱戴的人（比如父母）沉浸在给他们带来极大满足感的活动中时，我们就有了学习的动力。我们试图仿效他们。教职人员可以充当范例，正是在这个意义上，他们才是最有成效的激励者。但得让被激励的人看到教师们是在学习，而不仅仅是在教书。如今，在教师进行科研、学生可以参与教师的科研活动的大学里，更有可能看到这种情形。但是，为什么这种形式非得预留给高等教育呢？无学习欲望者不应该参与到他人的学习之中。

---

① 西尔斯（Sears）公司由理查德·西尔斯于1886年创建，如今已有百余年的历史。西尔斯公司是美国乃至全世界最大的私人零售企业，其子公司遍布欧美各大城市。——译者注

② 查理·卓别林（Charlie Chaplin，1889—1977），英国电影艺术家、喜剧大师，1913年移居美国，集编、导、演于一身，最让人印象深刻的是他在无声片中塑造的可笑而令人同情的小人物形象，拍有喜剧片《淘金记》、《大独裁者》等。——译者注

无疑，学习者具有内在动力时的自主学习是效率最高、记忆效果最佳的一种学习类型，这种学习类型最不可能让人产生抵触情绪或者遇到看似无法逾越的障碍。然而，动力从何而来却是一个更有争议、更为关键的问题。

一种常见观点是，动力一定是由教学经验丰富的教育者从外部灌输而来的，这一观点支撑着近150年来出现的几乎所有教育机构。当教育被视为给孩子施加某种社会程序的方式时，这种观点是可以理解的。意识到这种强制必定会引起反抗，因而就有必要说服孩子相信社会程序实际上也是他们自身的程序。只有这样，孩子在学校里才能够高效地学习。教学的主要活动成为一种教学技巧，校方给孩子灌输动力，去做他们希望孩子做的事情（用更直白的话说，找些办法使炒出来的菠菜让孩子们看起来觉得好像非常香甜，以诱引他们相信自己喜欢吃菠菜）。

这种做法一直以来都面临着令人极其沮丧的失败，在信息时代全面到来的今天尤为如此。其原因就在于，对于维持一种长期的关系来讲，诱引最终只会是一个很糟糕的工具。我们所涉及的方面是人与某个学习领域之间的关系。有个生动的例子可以说明这一点。我还是个年轻的物理学教授时，曾经很努力地讲授了一系列激励人心的课程。我讲的这些内容都经过精心设计，以使选修我这科入门课程的本科生产生动力，去学一门大部分学生普遍觉得既难学又枯燥的课程。有一天，有位高年级学生来到我的办公室，说要跟我谈谈。“你把我的生活给毁了。”他说这话时，语气中透出来的与其说是愤怒，不如说是悲哀。“这是怎么回事?”我问道。“我上大一时，选了你的课。你把物理学讲得那么趣味横生，我才决定选物理学作为专业。直到上了高年级，我才意识到自己实际上对这个科目兴趣不大，我的才能和目标是在别的方面。就是因为你，我的整个大学时光都给浪费了。”

事实上，产生效果的教学诱引只是例外情况，而非普遍情况。大部分时候，它从一开始就失败了。

那么，内在动力若不是来自从外部寻找方法并把动力灌输进来的某个人那儿，那它又是来自何方的呢？事实上，以我们当前的知识状况还无法回答这一关键问题。作为我们内在驱动力的生活目标和激情的来源依旧是个谜。有人会把它追溯到基因，有人说是父母或家庭的影响，有人说是同龄人，有人说是接触了榜样，有人说是偶然的生活经历，有人说是超自然的灵感。不管来自何方，其存在绝对无可否认，通常从最早期的童年时代就可看出。

思考一下下面的真人逸事。有一天，我们带着两岁的儿子去我们那儿的动物园玩。我们计划去的地方保证能给他带来快乐。毕竟，哪个孩子不喜欢去动物园呢？我儿子爱看书上动物的图画，他知道我们正在带他去看活生生的动物的途中。我们刚刚走下公交车，他就注意到动物园门口铺着鹅卵石的人行道，于是马上坐下来看那些图案。整整一个多小时，他都全神贯注地盯着那些鹅卵石仔细地看啊看的。我们根本没迈进动物园一步。

他对图案的这种喜爱来自何方呢？据我们所知，当然不会来自他此前遇到过的任何东西。这是一种全新的喜悦，纯粹偶然地呈现在他的眼前。这种喜悦与他内心深处的某种东西产生了共鸣。长大后，他成了一名充满激情的艺术摄影师，兴趣尤其集中在周围世界呈现给他的形形色色的图案上。这种明确的内在动力是如何产生的呢？

大部分人在自己的生活中都有类似——可能不这么异乎寻常——的经历。致力于发展孩子兴趣的教育体制，其关键作用是为孩子提供一种环境，使每个孩子所拥有的各式各样的内在动力发展成为积极的爱好。这种作用并非成年人企图以自己希望孩子所具有的动力来替代孩子身上本来带有的那些内在动力。

那么，对于前面讲到的聪明的做法，也就是引入卓别林无声片来激励孩子学习的事例，我们从中可以得到什么启示呢？仔细琢磨一下这个故事，就会发现人们会对这一情形做出不同的反应。成年人的安排是找到一种办法，促使孩子有学习识字的动力。成年人做出这样的安排，出于以下两个考虑：其一，迄今为止，小学在教孩子认字方面做出的所有灌输式的努力都未成功。其二，成人坚信，要想在今天的世界上立足，每个人都得识文断字，而且，必须采取积极措施确保孩子们做到这一点。

课堂上做出的所有努力都失败了，其原因在我的上述分析中应该显而易见。但第二点怎么样呢？其潜在的内容是一种不言而喻的推断：凭孩子自己的能力，他们发现不了现代成年人生活中存在着这一重要方面。这是成年人知晓的“神秘之事”，而孩子们却不知道。

然而，让我们假设，允许这些在观看电影过程中接触到卓别林影片的孩子，在白天的时候自由地接触周围的世界，而不强迫他们坐在教室里。（至少可以说，这是暂时躲开无聊至极的课堂学习的好办法。）如果识文断字确实对现实生活非常关键的话，那么让孩子们自己去发现这一点又有何妨？他们不是弄明白并且最终掌握了成年生活中形形色色的其他重要方面吗？（比如语言、社交技能、使用电话或电脑、驾车等。）毕竟，阅读只不过是破解代表口头语言的一些符号，并不是什么太难的事。当他们自己发现有阅读的需求并具有内在动力去阅读时，为什么还要断定他们不能独自去做这样的事呢？有了这样的动力，他们就会要求有接触印刷和书面材料的机会。①

事实上，现在许多学校已经完全取消了阅读教学。这些学校鼓励孩子在自己探索阅读时获取这一技能。人们一点也不必感到吃惊的是，所有的孩子迟早都能阅读，有的孩子四岁就会了，有的孩子十二岁才可以！在这样的学校里，所谓的“阅读紊乱”现象极为罕见。

## 电脑与教育

教育者高度评价电脑和互联网在学校里的价值，这主要是因为他们听说这些设施都是未来的工具，还因为他们想让自己看起来很现代，很能赶上时代步伐。因此，他们就把这种硬件引入学校，然后加以使用，以代替从前通常使用的纸质教材和作业本。他们制定严格的规定，限定学生自由地使用这些电子工具，还详细地规定学生何时、何地、如何以及为何目的使用

---

① 那些经常听他人阅读者更有可能产生学习动力。

这些工具。

然而事实上，通过网络世界，如今各个年龄段的人都可以直接找到最新的消息来源，不管他们想探究什么样的话题。换言之，希望了解某样东西的人现在可以找到顶级的专门知识，随意进行浏览，还能追踪该领域所取得的各种成就。**大部分教师——无论他们接受了怎样的训练——都不能指望自己在课堂上教授的内容可以跟学生随意从自己选择的来源那儿获得的东西相媲美。**此外，任何人都可以轻而易举地把自己与世界上任何地方具有同样兴趣的人联系起来，进行双方互益的对话和互动，进一步提高所有参与者的理解力。

所有孩子都可以接触到的几乎无限多样的活动和兴趣爱好同样毫不逊色。这种多样性与狭隘、有限的观点构成了鲜明的对照，后者是那些只能算作无名之辈的学究挑选出来，用作所有学生都应关注的要点的。**与互联网、CD 和 DVD 以及大量其他存储媒介所提供的丰富多样的资源相比，传统教育看起来不可救药地缺乏生命力，囿于狭隘，毫不相干。**在网上冲浪后再回到教材那干巴巴的页面或课堂作业那枯燥乏味的内容，谁都会意识到前者是多么令人兴奋，而后者是多么沉闷单调！

更重要的是，网络空间与年龄毫不相干。登录上网不会泄露你的年龄。（就这方面而论，同样不会泄露你的性别、宗教信仰、种族、血统或长时间以来在决定一个人与周围人关系时发挥重要作用的其他因素。）网络空间中的每个人都是一个**个体**，他之所言必然作为一种交流方式受到与他人同等的对待。

但是，人们怎样才能学会进入这一新的电子宇宙呢？难道不需要教给他们相关的技巧吗？

我们再次遇到了提供环境的重要性。在这种环境里，容易进入而非指导成为主导因素。几年前在印度所做的一个令人称奇的实验对此做出了最佳诠释。这个实验是由苏加塔·米特拉做的。米特拉是科班出身的物理学家，他负责位于德里的印度科技学院的研究与开发部。这一切始于他对下面这一常见现象的思考，年过三十的人对这一现象都不会陌生。米特拉是这样说的："所有给孩子配备电脑的父母总会毫无例外地向我提到这件事。在极短的时间内，父母就会声称孩子是电脑天才。我再多问下去，总是无一例外地发现孩子是在用电脑做父母都不懂的事情。"

这促使米特拉做了下面这一稀奇古怪的实验。他所在的学院有一幢漂亮的建筑，毗连德里的一些最糟糕的贫民区。米特拉在学院外墙上凿了个洞，在洞里放了一台电脑，连接上互联网并且网速很快。电脑有触摸垫，但没有键盘。电脑上显示的只有 MSN. com 的首页。仅此而已。周围没有成人可以求助，附近也没有指令来指导那些可能想找些指令的人。

很快，这些街头淘气包开始探索这个进入他们世界的新奇怪物。此前他们当中没有一个人接触过电脑，甚至连电脑是什么都不知道。对于这些孩子而言，这个玩意儿是突然出现的某种神秘存在物，而这一切使他们产生了通常的好奇心和探索欲。其实，对出现在面前的任何新东西，他们都会有这样的反应。大多数孩子甚至不识字，没有一个孩子会英语。结果极为惊人，用米特拉的话说，"他们几乎瞬间就获得了基本的电脑技能……会用鼠标来指点、拖拉、删除、复制，甚至浏览互联网网页"。

他们是怎么做到这一点的，着实让人感到好奇。米特拉接着说："孩子们创造自己的隐喻。给你说说我的意思吧。一位记者走向其中一个孩子，问他：'你怎么知道那么多关于电脑的东西呢？'孩子的回答听起来非常奇怪，因为孩子说：'电脑是什么？'在这种情况下，术语并不如隐喻那么重要。"这些孩子使用不同的名称称呼自己探索的东西：鼠标点在印地语[①]中

① 印地语（Hindi），印度官方语言之一。属印欧语系中印度—伊朗语族印度语支，是由古梵语发展而来的一种现代印度—雅利安语言，是印度国内最为通行的语言。——译者注

叫“针”，程序运行时看到的沙漏叫作“湿婆[①]之鼓”——这来自他们的神话。他们发现了微软绘图工具，然后用来画画。后来他们找到了微软字词程序中非常偏僻的字库，这样他们不用键盘就可以让字出现在屏幕上！情况就是这样。

米特拉意识到他这个简单的新办法对教育有着极大的潜在意义。他称这一方法为“最少式扩散型教育”，给它下的定义是“假定孩子们知道自己如何把 2 和 2 加在一起的教育体制”。他还说，“创建内容并不重要，重要的是基础设施和使用起来的便利性”。

25 年前，计算机辅助教学（CAI）被许多人认为是教育的救世主，然而结果证明它只是昙花一现。学生在经历过最初的电脑迷恋之后，很快便厌倦了让电脑去教他们。而且，他们还逐渐憎恶起一台比他们懂得多而且还要控制他们的机器。想想看，被一台机器操纵对个人形象会产生怎样的影响呢？难道情形不应该是颠倒过来的吗？

事实上，让学生控制电脑而不是让电脑控制学生，会使活跃的学生成为电脑的老师。比如，20 世纪 60 年代，在克利

① 湿婆（Shiva），印度教毁灭之神，其故事散见于各种文献中。——译者注

夫兰的卡斯科技学院，斯图尔特·库克教授让二年级学生去教计算机算术。当然，他们教不了自己不知晓的内容。他们必须设计自己的学习内容才能反过来教电脑。学生们就这样做了。他们（学生）的“老师”充当了自己随便怎么用都可以的资源。学生们都开心极了，几乎迫不及待地走近电脑。此外，他们的算术进步很快，而且记忆时间比那些老师教后就忘的同学要长久得多。

电脑还可被用作学习的促进器，敦促学生之间高效地相互学习。下面关于学习英语语法的实验可以证明这一点。三张桌子摆放成三角形，每张桌子上放一台台式电脑。坐在每张桌前的学生可以看到另外两名学生的面孔，但看不到他们的屏幕。每台电脑屏幕上显示一句带有一个语法错误的句子，比如，“The boys is hurting each other.”①（男孩们在相互伤害对方。）要求学生用光标点击错误之处，并从几个选项中选出正确替换项。

如果三个学生全部做对了，电脑屏幕上会出现第二个句子。如果三个学生没有全部做对，电脑会告诉他们这一点，但不会说是谁做错了，也不会说有几个人错了。学生只能通

① 英文句中错误为主谓单复数不一致。——译者注

过讨论和使用参考资料了解到这些信息。只有在三个学生全部做对之后，电脑上才会出现下一个句子。

参与这一实验的三名学生成了一个团队，后来在学习其他方面的知识时也都通力合作。

## 人们学习什么

人们大脑中的内容——以及因此可以学习的内容——可以分为五个级别：**数据**、**信息**、**知识**、**理解**和**智慧**。但是这五个方面不具有同等价值，正如下面的箴言所揭示的那样：

- 一盎司的信息相当于一磅的数据。
- 一盎司的知识相当于一磅的信息。
- 一盎司的理解相当于一磅的知识。
- 一盎司的智慧相当于一磅的理解。

按照这一并不能完全当真的算法，一盎司的智慧等值于65 536盎司的数据和4 096盎司的信息。尽管如此，教育体制却把大部分时间都用在信息传递方面，而把少部分时间用于传播知识方面，实际上没有时间用在进行理解方面，压根儿没有时间用在培养智慧方面。

**数据**由代表物体和事件的特质的符号组成。比方说，使用数字和字母符号表示一幢建筑的地址，用以代表该建筑的具体方位。

**信息**由已被加工处理的有用数据组成。因此，数据对于信息而言，犹如铁屑对于铁。铁屑是没有任何价值的东西，直到它被转化成铁。信息包含在**描述**之中，即对以**何人**、**何处**、**何时**以及**多少**这类词语开头的问题所做的回答。

**知识**由对**“如何做”**一类问题的回答组成，它包含在**指导**之中。说纽约位于费城以北 92 英里处，略微偏东，这是在提供信息。说驾车走费城和新泽西快速干道可以很容易从纽约到费城，这是指导，是在提供知识，即**如何**从一个地方到另一个地方。

**理解**包含在**解释**以及对**“为什么”**一类问题的回答之中。如果提供从费城到纽约路线的人问接受者，“你为什么要去那儿?”那么此人正在要求解释，正在寻求对所提要求的理解。解释由行为或性能的**原因**组成。

原因可分为两类，即回溯型原因和展望型原因。回溯型原因即识别是什么原因产生了有待解释的行为或性能，而展望型原因是指有待解释的东西预计会产生什么结果。比如，说一个男孩要去商店是因为他妈妈让他去，这是个回溯型原因。说他要去商店买些晚饭吃的食物，这是在提供展望型原因。

从性质上看，**智慧**跟数据、信息、知识和理解完全不同。所有这四者都跟**效能**有关，即某人正在从事的事情成功的概率以及成功所要消耗的资源数量。它们与所追求之事的价值或益处毫无关系，甚至所追求的可能是一件坏事（比如说，可以更高效地实施种族灭绝计划）。智慧则把所追求之物的价值考虑在内，这一点可以在彼得·德鲁克[①]对“正确地做事”（**效能**，efficiency）和“做正确的事”（**效果**，effectiveness）所做的区分中得到昭示。

智慧与所做事情的长期后果及短期后果都有关系，它愿意为长期利益而牺牲短期利益。它减少获得即时满足的压力，因而使得对理想和长期目标的追求成为可能。

---

① 彼得·德鲁克（Peter Drucker，1909—2005），1909 年生于奥地利维也纳，1937 年移居美国，终身以教学、著书和咨询为业。对世界有卓越贡献及深远影响，被尊为“大师中的大师”。德鲁克一生共著书 39 本，在《哈佛商业评论》上发表其建立于广泛实践基础之上的文章 30 余篇，奠定了现代管理学开创者的地位，被誉为“现代管理学之父”。他首次提出了“组织”的概念和“目标管理”，率先对“知识经济”进行了阐释。2002 年，德鲁克荣获美国总统布什颁发的“总统自由勋章”。“正确地做事”和“做正确的事”，用纯粹操作层面的语言界定两大时代的区别，在这一点上还没有人比德鲁克做得更出色。——译者注

我们的教育体制忽略了这些区别，以致不能提供很多供人发展智慧的机会。这一点为何如此重要呢？首先是因为我们所面对的大部分严重的社会问题和体制问题正是试图把错误的事情做得“更好”的结果。获取智慧是纠正为社会所诟病的问题的先决条件。

比如说，思考一下美国的医疗保障体制。人们普遍认为该体制在很多方面功能失调。在韦尔斯博士、施瓦兹博士和沃洛希因博士看来，“对大部分美国人而言，最大的健康威胁并非禽流感[①]、西尼罗病毒[②]或疯牛病[③]，而是我们的医疗保障体制”[④]。

在美国，大约有 4 700 万人没有医疗健康保险。医疗费用的增长比财富生产要快得多。因此，它消耗掉了美国生产

---

① 禽流感（avian flu，又称 bird flu），是由病毒引起的动物传染病，通常只感染鸟类，少见情况会感染猪。1997 年在中国香港发现人类也会感染禽流感。2003 年 12 月开始，禽流感在东亚各国严重爆发，并扩散到世界其他地区。——译者注

② 西尼罗病毒（west nile virus，WNV），最初是 1937 年从乌干达西尼罗地区一名发热妇女血液中分离出来，因而得名。该病毒引发的传染病是一种人畜共患病，对人和动物的健康构成极大的威胁。——译者注

③ 疯牛病（mad cow disease），牛脑海绵状病（BSE），1985 年在英国发现的一种新病，病原至今难以确定。——译者注

④ “What's Making Us Sick Is an Epidemic of Diagnoses,” *New York Times*, January 2, 2007.

出来的越来越多的财富。这是什么原因造成的呢？因为这种医疗体制主要忙于照料病人和残疾人，而不是健康者；因为服务人员从为病人和残疾人服务那里获得大部分收入——如果不是全部的话。

**支付他们报酬的方式是错误的。而且，只要这种状况继续下去，这种体制的功能失调就会继续下去。**医疗保健工作者为人们提供医疗服务，应该支付其工资；反过来，也应该要求他们支付与治疗疾病或残疾相关的那些成本。这将会为医疗保障体制提供当前所缺乏的一种强有力的刺激，用以维护人们的健康（而不是等到他们生病或残疾之后再去“治疗”）。[1]

把错误的事情做得“更好些”，与把正确的事情做“错了”并从错误中学习[2]，这二者之间的区别可以用一个例子很好地

① 沿袭这一精神重新设计的医疗保障体制，参见：Sheldon Rovin et al.，*An Idealized Design of the U.S. Healthcare System*，Bala Cynwyd，PA：Interact，1994，pp. 2-5。

② “回忆这种经历是最好的老师。我们不是从把事情做正确的过程中学到东西，因为我们已经知道如何做了。我们这么做，得到的只是证实我们已经知道的东西。这里面蕴涵着价值，但不是学习。我们只能从错误中学习，办法是识别错误，确定错误根源，改正错误。而且，人们从自身错误中学到的东西要比从他人成功中学到的东西多得多。伟大的作曲家伊戈尔·斯特拉文斯基说得非常好，‘作为作曲家，我一生中主要从我的错误及对虚假设想的追求中学到东西，而非从接触智慧和知识的泉源中学到东西’。”参见：Russell Ackoff，“Ongoing Discussion ‘Thought Piece’”，Pratt & Whitney Rocketdyne's Enterprise Thinking Network，January 2006，p. 9。

加以说明。这个例子就是第一次世界大战参战国中受过高等军事训练者所采取的方法。尽管美国内战已经极为详尽地揭示了传统军事理论所面临的死胡同，然而对远离东半球[①]先进做法的那些落后文化状态里所发生的事情，这些欧洲将领和策划者却置若罔闻。因此，当面对主要战场即西部前线形成僵局的战壕战时，作为主要交战国的法国、英国、奥地利和德国的军队首领做出的反应是向前推进，把错误的事情做得好上加好。

这一做法给欧洲带来的灾难性后果怎么说都不为过。四年之内，自认为是世界上最文明开化的旗手国家按部就班地屠杀掉了自己的一大半年轻人。协约国和同盟国在从瑞士到大西洋的整个法国边境上挖掘了好几条错综复杂的深战壕。他们采用的是传统的正面战略（没有侧翼可以包抄敌方）和传统的大规模袭击策略，但却没有考虑到，面对着拥有更强大火力的步兵、更大杀伤力的大炮以及更先进的地下防卫系统技术，这些战略愈发不起作用。月复一月，年复一年，他们发起了跟原先一样的大规模进攻。有时使用更猛烈的先进轰炸法，有时动用

① 东半球（The Old World），旧世界，即欧洲、亚洲、非洲、澳洲，尤指欧洲的文化、习俗等。——译者注

更多的军队，但每次总是产生同样极具破坏性的后果。仅仅在前线的一个小战区凡尔登[1]战场上，在一年多徒劳无益的战争进程中，双方足足有一百多万的人员伤亡。

把错误的事情做得好上加好，必然而且会不可改变地导致糟上加糟的后果。在这种情形下，需要一位极具创造力、特别不得人心、独行其是的政治领袖，才能构想出正确的事情来做，才能坚决支持那些把这种正确概念发展成现实的人。温斯顿·丘吉尔[2]爱上了坦克，这实际上是一种移动堡垒，可以横越战壕。尽管受到几乎整个军事组织的嘲笑，但他还是执拗地支持研制这种复杂的新型武器，而且简直就是强迫前线的将军去使用坦克。

使用正确东西的头几次尝试多具灾难性啊！坦克被认为是扭转战局的决定性武器，其用途在于（正如丘吉尔清晰地看到

---

① 凡尔登（Verdun）是法国东部洛林大区一座美丽的城市，因第一次世界大战时法德军队在此进行血腥激战而闻名。该市有两千多年的历史，如今已发展成为默兹省最重要的城市，也是法国著名的旅游景点之一。——译者注

② 温斯顿·丘吉尔（Winston Churchill，1874—1965），英国政治家、演说家、军事家和作家，曾于 1940—1945 年出任英国首相，任期内领导英国在第二次世界大战中联合美国、对抗德国，取得胜利，并在 1951—1955 年再度出任英国首相。丘吉尔被认为是 20 世纪最重要的政治领袖之一，对英国乃至全世界均影响深远。此外，他在文学上也有很高的造诣，曾于 1953 年获诺贝尔文学奖。2002 年，BBC 举行了一个名为“最伟大的 100 名英国人”的调查，丘吉尔获选为有史以来最伟大的英国人。——译者注

的那样）突袭和整体使用。然而，抵制的将领们不愿把正确的事情做好。他们采用了突袭法（连他们自己都忍不住啊，毕竟，坦克是双方谁也没见过的新式武器），但起初只动用了少量的坦克，声称要“试试深浅”。这是把正确事情做错到极致的例子。

使用策略和战略去做正确的事情，这种观念最终进入了21世纪的军事思想，装甲战成为被人接受的军事理论。虽然战争本身和使用武力作为国际关系内在特征的嗜好都没有消除，但是战争的时间却大大缩短了，战场上的伤亡人数也急剧下降。

在今天的教育界，在激励智慧的开发方面所做的努力极少。当前教育的核心是信息——大量的信息，这些信息被认为是知识中最为精华的部分，而知识本身受到高度尊重。理解偶尔会被考虑一下，而智慧却根本无人顾及。这是一种重大的失败。

归根结底，我们最需要探求的东西就是智慧，我们希望同胞们所拥有的也正是智慧。我们想让他们能够做出价值判断，明白自己（及他人）行为的后果，并从错误中学习。

发展有关个人行为的价值和判断，唯一的办法是在日常生活中以有意义的、与之相关的方式进行判断并运用价值观。智慧不是一门课程（即便是我们认可的智者授课）教出来的东西。如果我们老老实实地找寻我们所钦佩之人的智慧来源，我们就有可能汲取到塑造此人生活的一些经验和态度。不过，明智的人是要拥有自己的智慧而非他人的智慧。要达到这一点，必须不断地使自己面对需要智慧和运用智慧的情况——在学校里，在工作中，乃至在整个一生中。

# 第二章　课堂环境

教育通常做些什么？它把直直的水沟变成了蜿蜒而流的自由小溪。

——亨利·戴维·梭罗①

## 测试

在课堂之外的世界——“现实世界”，很少使用考试去判定人的能力。对雇员的评价一般是根据其在工作中的表现

① 亨利·戴维·梭罗（Henry David Thoreau，1817—1862），美国作家，超验主义运动的代表人物，主张回归自然，反对蓄奴制和美国侵墨战争。1845年，梭罗开始在康科德镇外的瓦尔登湖畔离群索居达两年之久，为的是“有目的地生活，仅仅面对生活的要素”。代表作《瓦尔登湖》和《论公民的不服从》一文影响巨大。——译者注

进行的。在现实世界中，人们本来应该有能力运用已知信息解决现实问题，而且对人的评判通常就是依据这种能力做出的，而不是根据一个人可以输出多少灌输进去的东西做出的。

各个层次的学校试图通过考试判定——如果不是衡量的话——学生学到了多少东西。这些考试给出要回答的问题、要完成的练习或要解决的难题，期望学生只用自己的大脑完全独立地完成，而不能接触其他任何资源。不允许抄袭或偷看别人的答案（考试作弊）。实际上，学生是在（有效的）单独禁闭的情况下进行考试的。这种方案跟现实世界中期望他们做事的方式截然相反。

给成人提出一个问题时，很少要求他们不寻求帮助或不借助于外力就解决问题，而是期望他们能够发现并找到解决这个问题所需要的任何资源。学校里称之为“作弊”的东西，在学校之外的世界里，却是特别受推崇的那种高效使用外部资源的能力。没有外来帮助几乎解决不了问题、借助帮助可以解决很多问题的人，要比拥有相反特征的人更具价值。然而，学生在学校里却很少有机会学习如何利用外界资源解决实际问题。他们只能偷偷摸摸地学习这一能力。不讲别的方面，学校首先应该鼓励和敦促学生学习如何利用外界资源去应对“现实”情况。

学校里的学生并不了解难题、练习和问题是不同的，也不知道这三者都是从现实中抽取出来的抽象概念。（本章的“解决问题”部分将谈到这些方面。）把这些方面作为主要内容来为生活做准备，就像把一只胳膊捆在背后学习如何拳击一样。在拳击场上，受过这种训练的人面对双手自由的对手，甚至是面对一位不太擅长拳击的对手时，都会有麻烦。

最近，联邦政府出台了一套“标准”。学校要想得到联邦政府的财政补贴，就必须达到这些标准。这些标准要求各个年级的学生必须参加的考试的平均分要达到标准的要求。[①] 平均分达不到联邦政府要求的那些学校要受到“惩罚”。

显而易见，这个过程认为，此类测试可以衡量考生所学内容。这种观点是基于以下的推断：从出生到成熟阶段，所有的孩子都以同样的基本速度经历同样的发展过程。在这种推断的指导下，所有一年级学生都被要求做同样的活动；所有二年级

---

① “如今，我们对计量制产生了一种近乎完全沉醉其中的趋向，使用可以追踪和测量的指数来判断成功与失败、进步与倒退，教育领域已经愈发依赖计量制和测量法，从而努力提高教育水平和可靠性。其必然结果就是，学生花费越来越多的时间准备考试、参加考试，而不是在学习。俗话说得好，‘老是称猪的重量也不能把它变得更重些’。”参见：Eamonn Kelly，*Powerful Times*，Upper Saddle River，NJ：Pearson Education，2006，p. 51。

学生做另外一些活动，这些活动所依据的是一套不同的材料，并以此为基础对其进行测试。其他年级依此类推。

这种策略所依据的潜在观念与儿童发展的经验主义现实完全对立。现实中，每个孩子都有自己高度具体和独到的成长方式。就连两个同胞兄弟甚至两个同卵双胞胎在童年生活中都不会以完全一样的方式长大。这种多样性始于出生之时，甚至始于母亲的子宫里，而且直到我们离开这个世界它才会消失。

否认这种多样性就是否认个性的存在。承认这种多样性但却坚持用同一种方式对待孩子，好像他们的发展过程是相似的，则是剥夺每个孩子成长过程中把自己的个性最为充分地表达出来的权利。那种告诉什么做什么、接受工业化时代机器人式的要求的时代已经结束。

席卷全国的教育改革运动打着“提高标准”的名义，已经引进了教育界最严格意义上的因循守旧的教学。新的教育秩序几乎完全排除了孩子探索自己的个人兴趣、学习不同于同龄人的学习内容、以不同于这一年龄段孩子的进度发展的可能性。新的教育秩序也几乎剥夺了教师全力以赴教学、传授其特别热衷的内容以及发展与每位学生的独特多样关系的机会。它还排除了天才校长或学校管理者进行重要实验的可能性，使得地方学校理事会几乎不可能在具有差异的学校环境中尝试不同的教学方法。在教育改革的限制下，谁也不敢再去坚持创造性、革新力以及个性，因为标准化测试中考试成绩太差对有关各方都是一个失败。

整个标准化测试运动的基石是，坚信这些测试是衡量一个人能否高效做事的有用工具，而且还坚信这些测试可以对孩子做出一些有意义的评估。尤其是，正因为正规教育的全部意义在于让孩子们做好准备，成为全社会的有用之才，因此这些考试应该成为重要的工具，以决定一个孩子是否正在按照使其过上优裕的成年生活的方式发展。

在教育领域，有个路人皆知的道理，即无论采用笔试的形式还是其他手段，都无法预先衡量一个人在一份既定事业中是否会成功。我把“路人皆知”当作一个事实，尽管大部分人并没有意识到自己知晓这一点。想想看吧！要是真的可以设计出预先评估法，以确定一个人将来是否能成为成功的企业家、经理、秘书、记者、木匠、汽车技师、艺术家、医生、律师或其他职业人员，那么全国的每位老板、每个机构都会欣喜若狂地使用这种评估法！它会使人根本不用担心评估未来雇员的复杂过程，它会消除疑虑、问题、担忧和失败。人们可以一下子取出评估包，对有希望的候选人进行评估。就是他了！只雇用那些通过者，并确信担任职务之人合格称职。

我们应该对此保持清醒的头脑。当然，有些测试确实可以衡量一个人具备的具体技能，比如，以某种速度准确打字的能力、使用字词处理程序的能力、正确使用工具的能力、记住标准建筑给排水规范的能力。但这些都是高度专业化、范围有限的技能，可能只是对某些具体工作的要求。现实中有数以百计的此类技能，但这些都是某类工作需要具备的专门能力。衡量这些技能的考试可以表明被测试者是否拥有这些技能以及其技能达到何种水平。但是，这些考试却无法表明，拥有这些有限技能的人所具备的从事正在申请的工作的能力。知道如何熟练地打字并不能使此人成为一名优秀的秘书或作家，知道如何恰如其分地使用工具也不会使他成为一名出色的手工艺人。

而且也没有人会认为每个人都应该拥有这些范围有限的技能。要是认为高中毕业的每个孩子都必须成为一名出色的打字员，都应通过古德伦奇先生①的测试，都能完美无瑕地演奏钢琴练习曲，都该知道标准建筑给排水规范等，这听起来会非常荒唐。这是因为每个人都会认识到这些技能是专业化的，只有

① 古德伦奇先生（Mr. Goodwrench），是一种抽象的品牌服务形象。通用汽车的广告语——“No one knows your GM car better than Mr. Goodwrench. No one.”（没有人比古德伦奇先生更了解您的通用汽车。）——形象地道出了该汽车的良好服务质量。——译者注

专门人员才需要具备。

但是，除了这些狭隘测试之外，尚未设计出任何方法，能够评估在生活中真正重要的那些更宽泛的能力，像判断力、诚信、求知欲、好奇心、创造性、自我激励、首创精神、耐力、热情、交际技能等复杂特征，以及其他许多把成功者、自我实现者与总是不能实现自己目标者区分开来的那些个体特征。标准化测试是某种评估体系的关键部分，该体系旨在确定孩子成年之后能否在现代社会中取得成功。依照这种体系，他们成功不了，因为这样的评估体系尚未被设计出来或被使用过，当前也不存在任何构建此种体系的理论根基。

相反，正如诸位学识渊博的人所讲的考试的作用那样，考试只能衡量孩子们参加考试的能力。一个全新的考试产业已经形成，专门致力于改善考生的考场表现。以以往的考试为基础，出版各类专门针对考试的书籍，集中关注对于考出好成绩最为重要的材料。在小学、初中和高中阶段都有家教机构、私人教师、补习课和专门的预备课程。有专门的教师培训研讨会，致力于帮助教师取得更好的教学效果，因为教师的工资和升职都与教学效果挂钩。行政管理者——校长、校长助理、课程协调员、校监及校监助理——把越来越多的时间和精力用在提高学生的成绩上，因为他们的工作正处于这条线上。

所有这一切又都归结到一个简单的点上：测试评估不出对孩子未来意义重大的任何方面，因为谁也不知道如何评估或衡量对于任何人——无论是孩子还是成人——未来成功重要的那些因素。考试是个封闭的系统；测试是为测试而测试。测试使整个教育体系中的参与者——孩子、父母、教师、管理人员——把所有的努力都倾注在取得出色考试成绩的能力方面！一分不多，一分不少，就是这样。

如果说这样一种本质上把整个教育体制都归因于之的巨大努力有害无益，那这就是严重没有充分表达实情的说法。教育体制的根本目的是提供一种环境，让孩子成长为成功的成年人。用一种强迫孩子在一套具体考试中有良好表现的教育体制来代替它，无异于断送了教育对社会所发挥的工具作用。

标准化测试最具灾难性的后果，也许是造成那么多背离测试者标准概念的孩子的堕落。在教师和测试者眼里，如果孩子看起来似乎不能按照要求在既定的时间内完成这个体制的要求，那么考试就在孩子尽可能小的时候把他们挑出来，贴上标签。考试成为把惊人数量的孩子称为智力愚钝者的基础，这样的孩子占 1/5 还多啊！这个分类标签要跟随他们一辈子。考试使孩子们处于不断的惩罚威胁和严厉批评之下，实际上剥夺了孩子生活中的所有自由时间。考试夺走了大部分孩子的童年，剥夺了他们的自尊，在他们身上灌输一种一辈子厌恶与学习有关的任何东西的情绪，在他们心中形成一种对所有成年人深深的不信任感，而这种不信任感完全是成年人咎由自取的。

## 解决问题

问题不是体验的对象，而是通过分析从体验中得出的抽象观念。现实包含多种相互作用的问题，我们称之为“凌乱的一团”。现实中很少存在一个孤立的问题。因此，问题对于现实，犹如原子对于桌子。我们体验的是桌子，而不是原子。因为问题总是作为一堆问题的一部分而存在，因此有必要意识到我们对待一个问题的方式对于这一堆里其他问题的影响。不考虑这样的相互影响，就导致了在 20 世纪 20 年代把酒作为一个孤立问题来看待（颁布了禁酒令）。结果，这种做法不但对解决酗酒问题效果不大，反而助长了有组织的犯罪。征收财产税促使房屋退化成经济公寓，但却刺激了贫民区的发展。

练习是从问题中抽取出来的，其本身是抽象观念。练习的出现排除了形成潜在问题所需要的信息或者（更糟糕的是）解决该问题所需要的信息。譬如说，一位大学教授在跟同事聊天时被问到，如果他知道之前从球池里取出来的黑球的比例和数量，而且球池里只有黑球和白球，那他如何判定从球池里取出来的下一个球是黑球的概率。教授说，他会先问问提“问题”者如何知道球池里只有黑球和白球。提问者说他不提供此信息，因为提供此信息会破坏练习。他错了。不提供此信息已经破坏了提出问题的基础。

解决问题的一个重要方面在于判断与提出问题相关的信息是什么，还在于对该信息的收集。剥夺学生阐明、找寻此类信息的体验，就失去了解决问题的大部分意义。而且，恰如其分地提出正确的问题，通常要比在正确提出问题之后找到正确答案困难得多。

练习是无目的的问题。练习没有为学生提供解决它的内在动力，而只是想得到一个可以接受的成绩。培养一种解答练习的能力给予学生一种处理现实中真实问题的虚假安全感。

跟练习比起来，提出的问题是从现实而来的更进一步的抽象观念。它消除了练习出现的背景。与教育体制给大家造成的印象相反，问题没有绝对的答案；一个问题的正确答案要依其出现的背景而定。比如，“2＋3 等于几?”这个问题的答案要看“两个什么加上三个什么?”如果我们说的是华氏

2 度加上摄氏 3 度，那么答案就跟我们谈及桌上书籍的数量极为不同。有多少个学生学过在二进制数字体系中 10＋10＝100 呢？

学校不仅一门心思沉迷于“一个正确答案”，还满脑子想着正确问题。美国人类学家朱尔斯·亨利①提出了这一点。他问道：“如果在整个求学过程中，激发年轻人质疑十诫②、天启教③的神圣性、爱国主义的基础、利益的动机、两宪制、一夫一妻制、禁止乱伦的法律等，那会怎么样呢？”④

英国著名精神病学家罗纳德·D·莱恩⑤回答说，存在的

---

① 朱尔斯·亨利（Jules Henry，1904—1969），美国著名人类学家。1935 年获哥伦比亚大学人类学博士学位，之后任职于美国农业部和劳工部，并在芝加哥大学担任教职。自 1947 年直到去世，他是位于圣路易斯的华盛顿大学的社会学教授。主要著述有《反对人类的文化》（1963）和《疯狂之径》（1965）。——译者注

② 《圣经》十诫（Ten Commandments），犹太教、基督教的戒条，“十条诫命”的简称。据《圣经·出埃及记》记载，系上帝在西奈山上亲自授予摩西，作为同以色列人订立的约法。（《出埃及记》20：2－17；《申命记》5：6－22。）——译者注

③ 天启教（Revealed Religion），直接由上帝启示于人类的宗教。——译者注

④ Jules Henry，*Culture Against Man*，New York：Random House，1963，p. 288.

⑤ 罗纳德·D·莱恩（Ronald D. Laing，1927—1989），英国精神病学家，著述有关心理疾病尤其是精神病问题，主要著作有《分裂的自我》（1960）、《自我与他者》（1961）、《疯癫、疯狂与家族》（1964）、《体验的政治》（1967）、《你爱我吗?》（1976）、《智慧、疯狂与愚蠢》（1985）等。——译者注

创造性本应多于社会目前可应付的，但并不多于它应该能够应付的。[①] 抑制住好奇心——正如上文提到的——是“为了管理切实可行的社会功能而建立起来的那些机构的主要思想”。因此，学校压制不可控制的创造力的发展，是在发挥一种社会功能。但是，如果社会要成为它本来的样子，甚至是大概的样子，那么这些机构必须解放好奇心，而不是专制地遏制它。

解决复杂问题是孩子天生的能力。如果不具备这种固有的能力，人类恐怕早就灭绝了。从孩子一出生开始，几乎每个活动都与大部分相互关联、需要得到解决的现实问题有关：我怎样找到食物来消除自己的饥饿感？我怎样保暖？我怎样从困扰我的过多感官输入中获取意义？

一个月又一个月过去了，问题的数量和复杂性与日俱增：运动、交流、定位以及（自始至终）理解世界及我们在世界上存在的意义这种正在发生的形而上问题。

孩子们非常善于解决问题。仔细观察过孩子学爬行、走路、说话的人都知道，孩子是坚持不懈的、忠实的解决问题

---

① R. D. Laing, *The Politics of Experience*, New York: Ballantine Books, 1967, pp. 71 - 72.

者，他们善于克服障碍，在提出各种各样而且往往具有独创性的解决方案方面特别具有想象力。他们决意面对失败，除非外界阻挠其持续应对面前的问题。

另一方面，学校认为，因为生活的全部在本质上都是解决问题，因此必须教会孩子如何解决问题。事实上，使用课程作为手段来灌输“解决问题的方法”，已成为几乎所有教学法的一个重要部分。

如果教授解决问题方法的教育目标本身就不切实际，那么学校从事这项事业的方式甚至可能会产生与愿望适得其反的效果。在一生中，人们一般会集中自己的智谋去解决所面对的现实问题。只是在那时——也只有在那时——他们才把自己的经验应用于手头之事，向擅长掌握多方面解决问题技巧的人寻求帮助。

相比而言，学校却连续不断地抛出虚假问题，根本不考虑这些问题与其对象群体所关注的问题是否有关系。因此，孩子们会抵制这种做法，而且在这样的环境中一般都会表现极差，这也就不足为奇了。面对这种总体上糟糕的结果，学校会愈加重复这种做法，这是把错事做得更错的又一个例子。这让人联想起不久前，医生在患者的病情持续不见好转的情况下，加大抽血量，直到病人死去。这还让人想起当前医学界普遍成倍加大抗生素的剂量，尽管越来越多的证据表明这种做法极大地增加了抗体病菌的数量，从而引起无法治愈的流行病。

如果强迫学生忙于应对虚假问题和做练习是一种徒劳无效的教育活动，那么在虚假环境里进行教育研究和开发研究甚至更为有害。此类研究意欲发现人类大脑发展和发挥功能的方式。但是，这一切几乎全是在被称为“被控制的状态中”进行的，是根据研究者预先构想的观念和目标建立起来的实验环境。据知，这些环境对于在其中所做实验的结果有着深刻的影响，但它们却被视为代表着研究意欲阐明的现实生活情景。

这种情况若应用于孩子，要比应用于成人更有瑕疵。孩子容易跟成年人希望他们符合的样子不合拍，更不会轻易地从自己内在驱动的兴趣和目标那儿转移开注意力。由于这一众所周知且显而易见的事实，实验室中对孩子得出的研究结果，必然跟孩子在现实生活中的行为和反应大相径庭。

## 对待问题的方法

对待问题有四种不同的方法：

- 消解法（absolution）
- 消除法（resolution）

- 解决法（solution）
- 取消法（dissolve），或重新设计法

以上方法按照从最弱到最强的顺序排列，从而形成效果等级。学校里的学生很少有机会接触到这样的方法。在大学层次以下，只使用过两种方法。在大学的一些课程设置中，出现过三种方法。除了把设计作为主要过程的一些职业培训外，第四种也是最有效的方法在教育体制中极少使用。

**消解法**。不采取措施，让问题自行解决或自动消退，即对问题采取缺席处理的方法。当人处于佳境而且环境稳定的时候，这种对待问题的方法还凑合。然而，在快速变化的骚动不安的环境里，正如我们现在所处的环境那样，这种方法极具灾难性。问题消解法好似无人驾驶的飞机飞过飓风区一样。在这种环境中，可以得到的唯一均衡是动态均衡。

**消除法**。这种方法涉及采用以下两种方法之一回复到原来的状态。首先，寻找过去曾经出现的类似问题。当时采取了什么措施？起作用了吗？如果起作用了，那就可以再次使用。如果没起作用，应该怎样调整从前的措施以使其在当下产生效果？消除问题的第二个方法是询问导致该问题的原因，出现这个问题该归咎于什么因素？然后，除掉问题的原因或源头，人们就会回到问题出现之前的状态。

根据系统论思想，归咎已经成为一种过时的观念。问题从来不是单一源头行为的结果，而是多个源头相互作用的结果。比如，这里探讨的教育问题显然并非只有单一的源头。

消除法是基于定性判断和常识基础之上对待问题的一种经验主义方法。它寻求尚可的处理方法，胜于坐守不前，但不一定是所能采取的最佳方式。日常生活中人们决定采用的大部分方法就是此种方法，有些不太需要经常做出的决定也采取此法。

**解决法**。解决问题就是使用科学方法、技巧和工具，找到最佳方案或最贴近的方法解决问题。解决法采用定性方法，通常要用到实验法，与“未经过处理”的经验形成对照。

第二次世界大战中，这种对待问题的方法在英国得到广泛运用，逐渐形成一门学科，被称作经营研究或管理科学。这种方法此后传播很快，产生了专门的团体及一些善于使用发展出来的程序和工具的从业者。当前，在大学的专业课程里，这些工具得到了广泛的教授和使用。在大学之前的学习过程中，学生们甚至都不大可能听说过这一发展过程。

随着解决问题的正规方法得到发展及其用途的传播，人们开始追问一个令人惊讶的问题。人可以做得胜过最佳方案吗？

有没有比解决问题更好的对待问题的办法呢？有。这种办法来自解决问题的两个方面。

其一，许多被解决的问题并没有保持这一被解决的状态，因为问题的背景发生了本质上的变化。比如，天气好的时候在两个城市之间旅行的最佳方式，在出现大风暴的时候可能就不是最佳方式。问题的解决方案通常随着情况的变化而变化。在人们的着装方面，这一点就十分明显。

其二，伴随解决问题的每种方案，会出现新的问题，通常不止一个问题，而且还是更难以解决的问题。比如，尽管开普勒[①]解决了哥白尼[②]天文学中的问题，但他的解决方法提出了物理学方面的新问题，在几十年内都没有得到解决，直到牛顿的时代才得以解决。找到的每种解决方法都会产生几个更难以解决的新问题。（父母给孩子买第一部汽车时就会发现这一点。）科学进步是由于产生了解决旧问题的方法，同样也是由于新问题的出现。对待问题时，有对环境变化不

① 开普勒（Johannes Kepler，1571—1630），德国天文学家和占星家，发现了行星运动三大定律，即开普勒定律，探讨了大气折射问题，为牛顿发现万有引力定律和近代光学奠定了基础。——译者注

② 哥白尼（Nicolaus Copernicus，1473—1543），波兰天文学家，创立了太阳是宇宙的中心的日心说，推翻了托勒密的地心说，使自然科学开始从神学中解放出来，著有《天体运行论》。——译者注

甚敏感且不易产生更难以解决的新问题的办法吗？有这样的办法，它涉及**设计**。

**取消法**就是重新设计拥有该问题的实体或体系，或者重新设计其环境，这样这个问题就不会再出现，更不可能产生新问题。

思考一个非常简单的例子。购买香烟、雪茄或烟丝时，通常会提供一盒火柴，这在多年前是引发严重问题的源头。人们往往不把火柴盒合上，就在火柴盒前端的底部磨料上划擦火柴。有时候，一点火星可能飞溅出去，点着盒里的其他火柴。这些火柴就会燃烧起来，把人的手烧伤。火柴盒前端的底部印有“点燃之前请先合上盒盖”的字样，但这并没能明显地减少烫伤事件或起诉生产商的法律诉讼案件的数量。

后来，生产商把擦火柴的磨料从火柴盒的前端挪到后面，就此消除了火苗烫伤手的可能性。

尽管设计的艺术在许多情况下都表现出优势，甚至科学家在解决分析型问题时也经常用到设计，但是除了像建筑和工程这样的设计类行业外，学生在学校并未体验过设计。

设计作为学习工具的力量几乎完全为教育体制所忽略。比如，学习汽车（或其他任何机械装置）如何运作，理解汽车为何如此运作，最佳方法就是设计一辆汽车。而且，正是在设计之中，人们才了解到了自己真正想要的是什么。正是出于这一原因，当下商家才会越来越多地让顾客设计商店及其使用的产品。比如，一群男士在设计他们想要的男士商店时发现，他们想依服装尺寸而非服装类型进行分类。比如，他们想有这么一块地方，在那里可以买到适合自己的任何一款衣服。

让学生设计自己想上的学校以及自己使用学校教育的方法，能让他们从中学到什么呢？宾夕法尼亚大学沃顿商学院①的社会体制学部曾经开展过一个项目，让学生设计自己的教学大纲，包括他们希望的课程学习方式。学生必须在从事自己希望进入领域的专家小组面前陈述自己的设计，并对其进行答辩。在项目进行过程中，他们不能改变自己的设计。在所有学院毕业生当中，这些学生毕业时收到的工作邀请数量最多，而且平均薪水最高。让学生设计自己学校的做

---

①　沃顿商学院（Wharton School of Business）创立于 1881 年，是美国第一所大学商学院，也是世界上历史最悠久的商学院，学术声誉首屈一指。沃顿一直被认为是全美最具有开拓精神、创新意识和国际化视野的商学院。其学术研究有口皆碑，是许多管理新思潮的摇篮，被誉为现代 MBA 发源地。最强的领域是金融、房地产、营销和医疗保健，20 世纪 80 年代在华尔街叱咤风云的“垃圾债券王”迈克尔·米尔肯和纽约地产大王唐纳德·川普都毕业于沃顿商学院。从沃顿商学院录用员工人数最多的都是世界一流的投资银行、证券公司、管理咨询公司以及跨国企业集团。——译者注

法甚至从幼儿园到十二年级都很成功，像位于马萨诸塞州弗雷明汉[①]的瑟谷学校[②]就是这样的学校。[③]

孩子们上学之前，以自己的方式和惊人的速度学习他们想学的东西，而不是按照预先制定的程序化方式进行学习。不管有多么不适应，他们还是设法独自把自己的环境转变成学习的环境。

人们普遍认为，社会面对着失败的学校这个重大问题。一般来说，在上述对待问题的四种方法中，每种方法也都已用于解决这个问题，结果值得探讨一下。

**消解法**。从第二次世界大战结束到 20 世纪 50 年代的十多年，人们没有采取任何措施，期望这个问题能够自行消失。然后苏联发射了人造地球卫星，引发了那种令人震惊、打破稳定的变化，使一切都变得没有把握起来。这使得教育者开足马力

---

① 美国波士顿的郊区，在马萨诸塞州东部。——译者注

② 1968 年，美国马萨诸塞州弗雷明汉诞生了一所独特的实验学校——瑟谷学校（Sudbury Valley School），又译萨德伯里河谷学校，有美国的夏山学校之称。这里招收 4～19 岁的学生，使用完全不同于以往的教学方法。该校的教学得到了教育界的肯定，成为美国第一家正式立案的自主学习型学校。瑟谷学校的教育哲学根植于对人的信任、教学相长。其教育理念是“天生的好奇心是学习最好的驱动力，孩子会因好奇心而主动探索他周围的一切”。仿效瑟谷学校成立的学校有 18 所，散布在美国各地。——译者注

③ 参见“附录”部分对于瑟谷学校的讨论。

运用第二种方法。

**消除法**。改善学校状况行之有效的方法是调整教学大纲。在过去，比如在接收大量移民的问题威胁着要把美国巴尔干化[①]的时候，消除法就非常有效。使用的方法是增加新材料，比如社会研究、公民学以及更多的英语语言学工作。这一模式似乎是为20世纪中期的问题量身定做的，需要做的事情是增加更多的数学等理科内容，这样美国就“赶上”了一个似乎正在科学地、技术化地从我们身边擦肩而过的世界。（结果证明这只是神话，这一点并不重要，因为那个时候，可能落在后面的危险似乎再明显不过了。）

改善学校状况的另一种常见方法是完善课程设置，使其具有现代风格。采用这种方法之后，出现了大量资金雄厚的项目，在大学学术界人士的领导下，学校的大部分课程设置被修改了。这些人把自己视为文化的传承者，因此最适合对给孩子传授文化的方式进行改革（尽管他们之中很少有人有跟孩子打交道的经验）。

**解决法**。因为技术的研究和开发是定量的，并且取决于复杂的测试和统计分析，因此，在20世纪80年代晚期，这

---

① 把某地区分裂成若干对立的小国，如第一次世界大战后的巴尔干半岛诸国。——译者注

些工具被引入教育界，成为“责任感教育”运动[①]的支柱。这种方法极大地强调了如下领域的科学研究：发展社会心理学、文化人类学、神经病学（尤其是大脑功能）、经济学以及任何通过令人信服的拨款申请可以被勉强归入这一范畴的领域。

事实上，所有这些努力都很可悲地失败了。前两种方法的失败在于它们不能适应一个与此前的环境截然不同的全新文化环境。第三种方法则失败在严重高估了研究者对人类行为的实质性理解达到何种程度。

这就只剩下了**取消法**，即重新设计法。普遍而言，对教育进行完全的重新设计的群体——尤其是学校——的数量正以惊人的速度增长，从它们身上可以学到许多东西。似乎应该特别优先考虑的是，要尽可能广泛地传播有关重新设计的行动及其成败的相关信息。

十分明显，在最佳重新设计中，对象群体——学生——

---

① 责任感教育运动（accountability movement）是指 20 世纪初期出现的一种工业科学管理运动，主要是回应当时的政治经济现象。富兰克林·勃比特（Franklin Bobbitt）提出把这一体制运用到教育领域，强调教育的标准和方向应该源自其顾客——社会。勃比特阐发了责任感教育这一思想，即以能力和表现为基础的教育。由于类似的经济和政治现象，20 世纪六七十年代，这一思想在美国经历了复苏。——译者注

应该在其中发挥出关键作用。事实上，面对强大的攻势，要为一种重新设计过程进行辩护，因为在这个过程中，不应忽略正在为其进行重新设计的对象群体。在生产和服务组织中，也同样如此，只不过在这两种情形中对象群体是顾客和消费者罢了。

## 创造性

教育策划者和设计者似乎没有意识到，学生们提供的符合教师期望的解决方法不可能具有创造性。具有创造性的解决方法或答案是接受者预料不到的。创造性行为总是会产生令人惊奇的结果。

创造性行为包含三个步骤。首先，识别一种对问题、练习或疑问通常会做出的假定，这种假定限制了可选的解决方案或答案的数量。其次，否定这种假定，做出相反的假定。最后，探索相反假定所揭示的可选解决方案。这是一个可以通过练习学到和发展的过程，但学校却没有为学生提供这样做的机会。

智力测试题和玩笑是关于创造性的简单例子。玩笑总有一个令人吃惊的结果。这是由于听众做出的假定被否定，从而出现令人吃惊的故事结局。智力测试题是因为我们没有正确地假定某种东西因而解决不了的问题。“戏法”总是在于要先识别约束性假定，然后否定它。

人们在学校里学到的是，权威人士希望得到他们熟知的答案和解决方法，而不想看到让他们吃惊的东西。比如，我女儿 13 岁时，学校里布置了下面的“额外学分”作业。一张纸上画了九个点，形成一个正方形（见图 2—1）。发给她一张答题要求，让她将钢笔或铅笔置于其中一个点上，然后画出四条直线，但不能把笔从纸上移开，而且画的线必须得通过这九个点。这个智力测试题常见的解决方法会超出该正方形本身的范围（见图 2—2）。她解决不了这个问题，于是向我求助。我解释说，智力测试题是因为你没有正确假定某

**图 2—1**

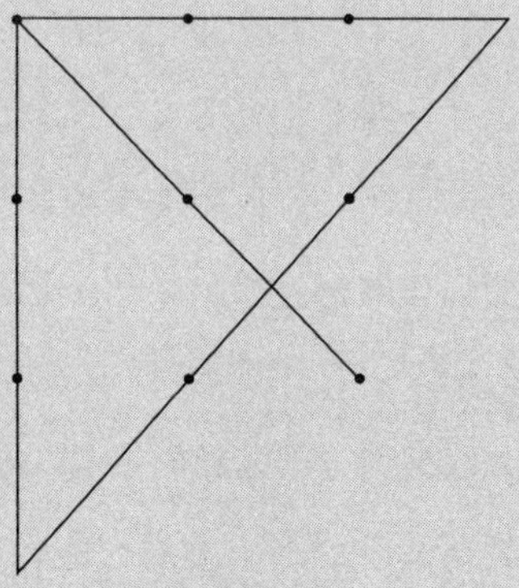

**图 2—2**

种东西因而解决不了的问题。说完后，我把纸**折叠起来**（见图 2—3），然后拿起一支毡尖笔，对着折起来的纸边画了一条线，但纸上出现的是两条线（见图 2—4）。然后，我打开纸，很容易就用三条线遮住了其余的点。

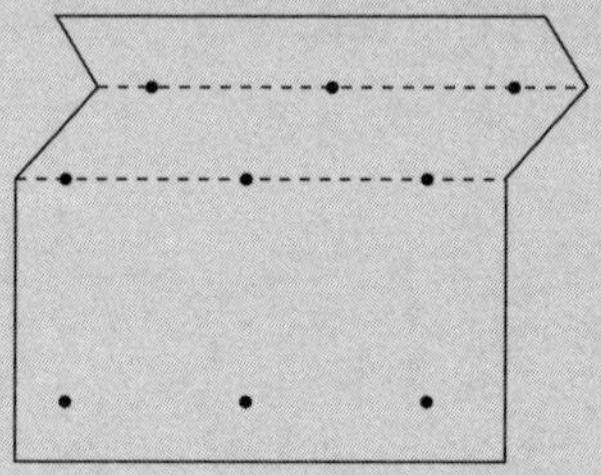

**图 2—3**

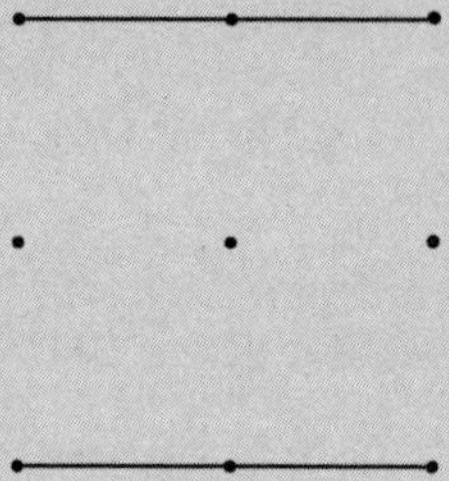

**图 2—4**

我女儿把这一解决方案拿到课堂上去，但老师不接受这种方案，因为她把纸折叠了起来。我女儿说老师的指令当中并没有说不让折叠。老师说尽管如此，不让折叠是不言自明的，并让我女儿坐下来。事实上，有许多方案可以解决这一智力测试题，包括用一条线甚至一个点就可以做到的方案！需要记住的是，指令并没有说明得用多粗的钢笔。

那天，我女儿学到了非常重要的一课，这也是我们大部分人以类似方式学到的一课。老师感兴趣的并不是得到智力测验题的一个解决方案，而是得到她所知晓的**那个**解决方案。因此，在学校学到的功课就是，当权威提出问题时，尽力提供这个权威知晓或期望的答案。这一经验教训也被带入公司和其他大型组织机构里。在那里，为老板提供其想要的答案就是标准化的操作程序。这就是为何处于权威地位的大部分人倾向于把自己的下属变成克隆人的缘故。

发展大众教育，明确地把不守秩序的孩子自然地塑造成顺从听话的年轻人（之后的成年人），这是有文件可供追溯的。①创造性受到极大的遏制，而且完全不受欢迎。鉴于时代的社会经济需求和政治需求，21 世纪大众教育的目标应该是培养每个孩子天生的创造性，并进而促进充满好奇心、具有创新性和独创力的成年群体的发展。

目前尚不为人所知的一点是，学校抑制创造性这一做法甚至扩展到了科学领域，而科学本应建立在自由探寻和质疑对自然现象的每一现有解释的基础之上，从而不断增进我们对这个世界的运作方式的理解。我们被反复告知，把现代科学与此前所有自然哲学区别开来的是，现代科学完全不依赖于权威，并且它绝对致力于开放式的研究。

---

① 关于这一话题的原始材料，一个极佳出处是 John Taylor Gatto，*The Underground History of American Education*，New York：Oxford Village Press，2001。

那么，想象一下学生在学校里碰到科学课程时的反应。年复一年，通过一门又一门的课程，教学生——而且强迫他们记忆然后吐出——那些公认的科学教条，把这些当作不可挑战或质疑的真理。这种自相矛盾的言行非常触目惊心。更值得注意的是学校实验室里的情形，学生们在那里做“科学实验”。

比如，考虑一下一个物理学入门课实验的情况，学生们在做一个简单的实验，举例来讲，把一个球滚下斜坡，测量球要用多长时间到达底部，以确定重力加速度的情况。实验备忘录要求学生重复做这个实验，还要求对结果进行某种统计分析。后来，学生们得出了自己的结果，却发现结果“不正确”！学生们非但没有因为做出一个突破性发现受到表扬，反而被告知他们做错了，因为他们的答案与公认的答案不符。毋庸讳言，学生不可能通过这一方法提高他们对于实验科学究竟涉及什么的理解。令人惋惜的是，这种方法在科学课堂上无处不在。在所有这样的情形之中，总是告知学生要寻找什么，而不是让学生去探索关于大自然的那些真正的问题。

# 第三章　科目和学科

教育中，没有什么事情能比死气沉沉的事实积累起来的这么多的无知更令人震惊了。

——亨利·布鲁克斯·亚当斯①

## 分门别类的课程设置

**教育过程中所教授的科目是根据学科进行分类的。因此，我们习惯于认为问题在本质上就具有学科性，比如，有物理学问题、化学问题、生物学问题、经济学问题、心理学**

① 亨利·布鲁克斯·亚当斯（Henry Brooks Adams，1838－1918），美国历史学家和作家，著有9卷的《美国史》及自传《亨利·亚当斯的教育》等。——译者注

问题等。实际上，根本不存在学科性问题这回事儿。**问题**这个词语前面的学科性描述表明了某些方面，但并没有表明问题的任何实质性内容。①

为了支撑这一观点，我们必须表明，问题实际上根本不具学科性，而且假定问题具有学科性危害不浅。

思考一下下面的例子。一位住在旧城区的老妇人去当地一家免费诊所体检。这家诊所是她看得起病的唯一一家医疗机构。她刚回到自己的家里，就心脏病发作去世了。她住在一幢改造过的楼房四层的一个两居室里。老妇人去世的消息几乎马上传到了正在开会的大学教授和社区官员那里。与会人员跟老妇人都很熟，会上因此弥漫着压抑的气氛。

第一位开口说话的是社区医学教授。他说道："我一直

---

① 正如艾尔弗雷德·诺思·怀特海1916年在英国数学学会发表的著名会长演讲"教育的目标"中所言："我所敦促的解决方案是，根除科目之间致命的断裂局面，因为它扼杀了现代课程的生命力。教育只有一个主题，那就是具有各种表现形式的生活。我们没有给孩子这一统一体，反而是给孩子代数——结果什么也没发生、几何——结果什么也没发生、科学——结果什么也没发生、历史——结果什么也没发生、一两门语言——从来没有被掌握住，最后，最让人郁闷的是，文学——其代表内容是莎士比亚戏剧，有语言笔记以及对情节和人物所做的简短分析，实质上是为了便于记忆。能说以上所列代表生活吗？——就是人们所知的正在过着的生活？对这一列表的最好描述不过是神灵思考创世时在脑海里一闪而过的目录，但尚未确定如何把它拼凑起来。"1916年的情况同样适用于当今的情形。

在跟你们讲，我们诊所需要更多的大夫。没有大夫，我们就出不了诊。要是有大夫的话，她可能就会活下来。”谁也没对教授的话发表评论，大家都完全同意。

过了一会儿，经济学教授指出，城里有很多大夫，但都是私人医生，而老妇人是请不起他们看病的。他说道：“我们需要的要么是更多的福利金，这样的话她就有钱请大夫看病；要么是全国医疗保障计划，这样她就可以去私人医生那儿看病。”同样，没人对他的话发表评论。

在场的建筑师认为，四层以上的多单元楼房应该安装电梯。同样，没人对他的建议发表评论。

最后，在场的唯一一位女性——她是社会工作者——开口说话了。她说道：“她太可怜了！你们不了解这位老妇人。她十几岁就结婚了，不久就生了一个儿子，同时被丈夫抛弃，此后再也没见过他。她靠帮人做家务养大了儿子，对儿子呵护有加。儿子很出色，在他所住社区的公立学校毕业时，他得到了市长奖学金，并用这笔奖学金去宾夕法尼亚大学读书。接下来，他以班上的优秀生身份毕业，获得该校法学院的奖学金。他还是班上最出色的学生，后来被城里最大的律师事务所聘用。他现已步入中年，是律师事务所的高级合伙人。他已婚，育有两个孩子，住在城市最好的郊区的一幢漂亮房子里。他的房间都在一层。如果这位老妇人跟儿子不疏远，她就会跟他住在一起。这样她就不用爬楼梯，也有钱去看病了。”

这个问题属于哪类问题呢？医学？经济学？建筑学？社会工作？都不是。“问题”一词前面使用的限定词表明看待这个问题之人的出发点，而非问题的本质。只有从许多不同视角来看待一个问题，才能确定哪个视角可以产生“花小钱产生最大效益”的解决方法。

因为学校关注学科划分，因此大部分成年人根据问题出现的地方或识别问题者所处的学科领域对问题进行分类。然后，他们试图使用可以找到的各种因素来解决问题，这正像脑科专家试图通过做脑科手术治疗头痛病一样。

另一个经典故事极好地阐明了把问题置于学科箱中的潜在代价。这个故事是关于纽约一幢多层办公楼的。租户们抱怨楼里电梯服务极差。他们说，上班高峰时，等电梯的时间太长了。因此，有好几家租户威胁说要解除租约搬走。办公楼的经理于是向一家从事电梯系统设计和运行的专业工程公司求助。

工程师们在听了对问题的描述之后，做了时间调查，确认等电梯的时间着实有点长。于是，他们对经理说，有三种办法可以应对当前的局面。第一，增加电梯数量；第二，把现有电梯换成速度快一点的电梯；第三，可以引进电脑控制，要是这样做，上述两种选择要不要都可以。这样一来，楼上没人等电梯时，通过电脑控制可以让无人乘坐的电梯下到一楼。一般来说，旧电梯要先上到楼房的顶层，然后再返回一楼。

管理人员授权对此进行研究，以确定哪种是最佳方案。研究表明，由于楼房年代久远，上述工程方案都不能经济地解决问题。工程师说，管理人员只得永远忍耐这个问题了。

绝望的经理召开了全体员工大会，与会人员中有一位刚刚受聘的年轻的人事心理学毕业生。经理要大家群策群力想办法，找到可行的解决方案。尽管集思广益的规则是只提正面建议，但起初的每个提议都被指出存在某种不足之处因而遭到否决。屋子里一片沉寂。唯一没有参与讨论的就是那位年轻的人事心理学毕业生。

经理于是专门询问这位一直没开口的年轻人，看他是否有什么好办法。年轻人说不愿说出自己的看法，因为之前的每个建议都遭到了负面的回应。经理驳回了他的理由，并让他说出自己的观点。

这位年轻人并没有关注电梯的性能，他所关注的是人们只等待几分钟就抱怨这一事实。他自问道，他们为何只等很短的时间就怨声载道呢？他得出的结论是，抱怨是无聊的结果。因此，他认为，问题就是如何让这些等待者在等待过程中心情愉悦地打发时间。他提议在上电梯的地方安装几面镜子，这样一来，那些等电梯的人就可以看看镜中的自己或别人，但却不会被看出他们在照镜子或看别人。经理采纳了他的建议。镜子很快装好了，成本低廉。等电梯时间长的抱怨声也随之消失了。

今天，高楼里电梯走廊甚至电梯里安装镜子的做法已是司空见惯。

人们早已忘记，把知识划分为单独的类别或学科的整个思想起源于亚里士多德，他的全集包括界定他发明的各种领域的一系列教科书。在亚里士多德之前，这一概念从未有人提及，随意翻阅柏拉图对话录就可以看出这一点。别说亚里士多德那无法逾越的智慧，单是他那无可非议的卓越超群和理解深度就使其看待世界的方式在希腊文化中居于首位。他看待世界的方式通过罗马文明传到欧洲各个角落，并成为西方世界观的基柱之一。

不管这种做法在过去有过什么功效，把人类经验划分成学科的做法早就过时了，甚至有碍创造性洞察力的发展。有一段时间，在注重实践的商业界和技术界，曾经把受过专业培训的人组合成“跨学科小组”，努力削弱分门别类的思想对于创造性和进步的有害影响。就连学术界这最后一个且最具影响力的分门别类的学科堡垒，在这一方面也开始表现出灵活变通的迹象。结合了不同领域的课程和学位项目已悄无声息地进入大学，尽管其发展速度像蜗牛爬行一样缓慢。[①]

再也没有哪怕一丁点儿的理由让孩子们去接受人类思想是分门别类的“学科”集合体这一观念，也没有一丁点儿理由使这一观念成为学生在学校里获取的教育体验的核心内容。作为一个历史留下来的古董，这种观念有可能在人类思想发展的一般讨论中引发有趣的离题话；但是，作为一个会对正在发展中的思维产生影响的有用概念，这种观念至少会产生事与愿违的效果。在孩子们长大成人的过程中，他们把世界看作一个整体。他们最大的挑战——这个挑战依旧是每个人一生中的核心任务——是形成一种从各种各样体验中获取意义的世界观。诚然，人类的明智取决于人的世界观的完整性；分裂的灵魂一般

① 大学里院系独立划分的现象不仅提供了机会以扩大教授的影响和授予门徒显赫地位，而且解决了——至少大部分时间如此——在何处为某位原创思想者安排个职位这一不受欢迎的问题。有时候，当问题非常棘手，而此人又大受欢迎时，学术界便授予其“大学教授”的称号，表明它无法给此人归类。

被认为不能适应成年人生存之所需。

孩子们的教育环境应该鼓励他们继续探索各种体验之间的广泛发展的联系，欣然接受所学到或发展出来的理论和解释之间的新的关联和新的诠释。

有个时常被人转述的故事，阐明了用狭隘定义的领域进行思考所产生的那种缺乏生命力的后果。① 一位高中生在一次物理考试中遇到了下面的问题："假如你在一幢高楼里，身上带着一个非常灵敏的气压表。你怎么用这个气压表计算出楼房的高度？"

学过物理学入门课的人都会立刻意识到，老师正在等待学生给出的答案是他已经预备好的，即测量楼房底层和顶层的气压，然后运用表示从楼房底层到顶层气压下降与高度增加关系的公式，计算出楼房的高度。

这位学生是个非常聪明而且思维极其独立的孩子。他觉得给出一个他认为平庸容易的答案有点掉价。于是，他回答道："可以用几种办法做这道题。一个办法是把气压表从楼顶扔下

---

① 这个故事极有可能是一个现代神话。然而，它的诠释性价值绝非取决于其历史真实性。事实上，我在一门硕士高级物理课上也有过类似的经历，一个完全正确的答案遭到完全否决，理由是它不符合教师确定的那种显而易见的传统格式。

去，测量它落到地上用多长时间（这表明他知道自由落体运动中高度、距离与时间之间的关系，另一种‘物理学’）。另一个办法是把气压表粘在一条长绳子上，放到地面，然后测量一下绳子的长度（不再属于‘物理学’，而是‘木匠业’了）。”

当然，答案被宣布为不正确的。这位学生据理力争，冲着考官提出了一大堆抗议。于是，考官答应重复同样的问题，给学生一个提供“正确”答案的机会。这位学生跟刚才一样不顺从。他说道：“我去找这幢楼的管理员，他要是告诉我楼房的高度，我就把这个气压表作为礼物送给他（我们现在进入了‘经济学’领域）。”

抛开原始问题的无意义的一面，这个故事本身充分表明了当前学校要在充满想象力的年轻人身上施加的那种知识束缚罩衣。在公司里，跟大学中学科对应的是部门（比如，生产、营销和财务）、产品级别或由市场确定的业务单元。其实根本不存在生产问题或营销问题这类事，人们却错误地认为有这样的问题。

## 科学与人文学

危害最大的学科区分恐怕就是科学与人文学的区分了。

这一区分在查尔斯·斯诺[①]著名的论述“两种文化”[②] 中得以具体化。斯诺把二者描述为相互对立的。教育体制趋向于加强这一对立。事实上，科学与人文学是一个硬币的正反两面，是同一事物的不同方面。可以分别看待，但不能把二者分开。

人文学（包括艺术类）关注的是找到看似相近的事物之间的差异。自传和小说是关于不同生命或对同一生命的不同见解的。它们关注其对象和事件的独特性，正如历史学和语言学研究那样。伟大的艺术是独特视角的产物。不同艺术家刻画同一对象的不同之处在于其观看对象的方式而非其关注的主题。伟大的艺术家即使多次画同一对象（比如伦勃朗[③]的自画像），每次画得也不完全一样，每幅画都是独一无二的。

传记聚焦于其对象的独特性。研究同一个体的心理学家

---

① 查尔斯·斯诺（Charles Snow，1905—1980），英国小说家、物理学家，主要著作有系列小说《陌生人和弟兄们》、论著《两种文化与科学革命》、文学评论《特罗洛普的生平和艺术》等。——译者注

② C. P. Snow，*The Two Cultures*：*A Second Look*，New York：Mentor Books，1964.

③ 伦勃朗（Rembrandt，1606—1669），荷兰画家，擅长运用明暗对比，讲究构图的完美，尤其善于表现人物的神情和性格特征，作品有群像油画《夜巡》、蚀版画《浪子回家》、素描《老人坐像》等。——译者注

寻找的是共通性，用来解释对象身上的特征。

科学（包括其衍生物——技术）关注的是找到看似不同的事物之间的相似性。这些相似性在法则和理论中得以表述。人文学揭示有待解决的问题。科学和技术力图发展应用于这些问题的一般原则或方法论，从而解决这些问题。

这并不是说人文学家不试图解决问题，也不是说科学家不试图系统地阐述问题。但是，二者阐述问题和解决问题的着眼点不同。人文学家倾向于通过解析问题而依经验、定性地解决问题。科学家倾向于依实验、定量地解决问题。系统论思想家否认存在把科学与人文学分离开来的可能性，偏爱问题自行消失。人文学家不可能不使用科学的一些成果，科学家同样不可能不使用人文学家的一些成果。

实际上，我们这个时代保守得最好的一个秘密是：根本不存在科学和艺术的区分。事实上，把现代科学与早期科学区别开来的一个最重要的发展就是，在大约500年前的西欧，科学和艺术之间的根本障碍开始被消除。在这个勇敢无畏的行动之前，科学与常识和硬性真实的体验牢固地联系在一起，而艺术与幻想和想象同样牢固地联系在一起。自然哲学家（当时——而且直到最近——人们都是这样称呼科学家的）摒弃了对幻想和想象的嫌恶，欣然地把人类思想的这两个方面视为理解自然界必不可少的部分，这时就诞生了现代科学。

现代科学的每个重大发展都可直接追溯到蔑视常识的幻想，而且直到现在，在那些坚决脚踏实地的人看来，这些幻想依旧非常荒唐。这种幻想的表单可以无休止地罗列下去：哥白尼关于地球在太空中疾飞、围绕自身轴心旋转的观念；伽利略①关于重物体和轻物体以同样速度落地、物体可以不需外力而自己运动以及月亮是由岩石构成的思想；开普勒认为星体（包括地球）是依椭圆形而非圆形轨道运动的理论；牛顿关于宇宙中任何两个物质都因一种力量而相互吸引，这种力量穿越了任何距离而无二者之间的实在关联的沉思冥想；麦克斯韦②描述整个太空充满一种无法察觉的“以太”，把电磁波传送到各个地方；普朗克③认为能量是以小团的形状传递的；薛定谔

① 伽利略（Galileo，1564—1642），意大利数学家、天文学家和物理学家，现代力学和实验物理学创始人，最早用自制望远镜观察天体，证明地球绕太阳旋转，否定地心说，遭罗马教廷宗教法庭审判。——译者注

② 麦克斯韦（James Maxwell，1831—1879），英国物理学家，创立了电磁场理论（麦克斯韦方程），指出光的本质是电磁波，发展了色觉定量理论，制成了最早的彩色照片。——译者注

③ 普朗克（Max Planck，1858—1947），德国物理学家、量子物理学的开创者和奠基人，因发现基本作用量子获 1918 年诺贝尔物理学奖。——译者注

认为物质包含波状团；爱因斯坦认为整个太空呈弯曲形，而且跟时间错综复杂地纠结在一起。

当伽利略把望远镜对准月亮，宣布月亮上有山脉和海洋时，人们都认为他彻底疯了。长期以来，天主教会一直是欧洲最杰出科学研究的捍卫者，也在试图消除这类狂言的影响，以便打消人们的顾虑。岩石怎么可能待在天上呢？怎么可能使用一个装了两片（而非一片）“透镜”的仪器就能得出理性的结论呢？大家都知道，这种所谓的“透镜”会扭曲事物本来的样子啊！

无论科学家所做的是关于自然界哪一方面的研究，创造性科学家的标志是他把硬性的、可检验的体验与富有想象力的诠释结合起来的程度。正是科学中的艺术性才使其容易受到大人物大讨论的抨击，这些人都在解释世界运行的方式，但对世界究竟是什么样的这一问题却形成了迥然相异的理解。①

## 不为人知的需求

教育家和教育设计者花费了大量时间确定应该教授（是

① 对这几点所做的更为广泛的讨论，参见 Daniel Greenberg，*Outline of a New Philosophy*，Framingham，MA：Sudbury Valley School Press，1996。

教，而非学！）学生什么课程。这就是“课程设计”的本质。这一活动明确假定，做出这些决策的人知道学生毕业时需要知道哪些东西。这种假定一般而言是错误的，有两个原因可以说明这一点。

第一，成年人从学校毕业之后，工作中所必须知晓的大部分东西是在毕业之后逐渐掌握的。回到第一章“教与学”，从第一章开头的事件中可以看到，最近 50 年来，我没教过一门在我求学时学过的课程，我学的任何内容都是不教自通的。新技术、新信息、新知识和新的理解都不断地变得唾手可得。课程设计者预测不了所有这些发展。因为我们俩（作者）上小学时根本没有电脑，也就没有使用电脑的课程。但是，我们这一代中大多数人如今都会使用电脑。这就是为什么对学生而言，学习中最重要的事情就是学会在整个一生中如何学习以及如何保有学习动力的缘故。

第二，随着知识的积累，教育设计者为那些希望“在前沿”工作的人开设了越来越多的正规教育课程。许多种时间长短不等的复习课程早已司空见惯。随着求知和获取理解的速度继续加快，教育将会日益得到拓展，逐渐被认为是延续一生的活动。这使得工作、玩耍和学习的分离变得越来越难。

在工业革命时期，活动被拆分开来，降至可以分别处理的最小单元。工作、玩耍和学习被隔离开来，收容在完全独立的机构和设施之中。设计工厂是专用来工作的，玩耍和学习被排除在外。设计乡村俱乐部和棒球场是专用来玩耍的，工作和学习被排除在外。设计学校是专用来学习的，玩耍（除了短暂的休息之外）和工作被排除在外。因为工作、玩耍和学习日益被视为同一事物的不同侧面，这三类机构的区别也就不那么明显了。这种情形在工作场所已经出现。越来越多的老板为员工提供各类活动的设施。但是，学校却是唯一罕见的例外，这一发展趋向甚至没有对它产生任何影响。

诚然，描述我们生活于其中的这个时代的另一种方式，是把它描述为一个革新和变化的速度远远超出此前任何时代的时代。这意味着，新发展将以令人眩晕的猛烈程度改变我们生活中几乎方方面面的本质。在人的一生中，新世界会以不可抗拒的势头不断替代现有世界。

在我们两位作者曾经生活的时代里，早先没有电冰箱，没有超市和商场，没有电子汇款，没有电视和电话会议，没有电脑，没有直升机、GPS 系统、CD、DVD、长途直拨电话、太阳能、量子场理论……干巴巴的语言绝不可能描绘从那时至今的所有这些变化。

生活在今天的这个世界里的孩子们看我们那个世界，就好像在看缓慢爬行的蜗牛世界。难道说互联网——直到20世纪90年代中期——只是人类事务中的一个因素，而网页只是奇特的怪物吗？

在那些在传统学校接受过教育的人看来，所有这一切看起来都令人困惑、令人不安。弥漫在成人世界里的那种焦虑可以明显感觉得到。他们的世界在不断地发生变化，在这种变幻不定的环境中如何把握自己的方向，让他们措手不及。而所有这一切都是因为，在今天，这些成人所具备的还只是在求学的孩提时代接受的那些基本信息。他们学校的课程设置声称为其未来的世界（即今天的世界）提供了充分的架构，他们多年来接受的正规教育被说成是为他们在现代世界的生活做准备的，但事实上却没有做到这一点！

然而，大自然却为每个孩子都提供了一个关键工具，使他们完全能够适应这一飞速变化的世界。稍微思索一下，便会明白的确如此。因为婴儿和青少年的世界是（而且总是）以惊人的速度变化的世界，即便在成人世界并未飞速变化的那几千年中，也是如此。对孩子而言，每天所邂逅的绝大多数印象和体验都是全新的，出乎意料且无法理解。如果不具备天生的能力，不会在这样的世界中采用策略，不知道如何弄明白其中意义的话，就不会有孩子存活下来。

大自然提供的这一神奇工具就是玩耍。所有孩子自出生起就知道怎样玩耍。玩耍不过是没有已知端点或目标的活动——任何活动都包含在内。不管玩耍是不固定的随意探索——譬如哲学家“玩弄”新思想或孩子玩棍棒这样的探索，还是使人可以从一点到达另一点的预设规则活动——譬如孩子们踢足球或诗人创作十四行诗这样的探索，在所有这些情形中，主人公都在探索未知的东西。孩子们兴致勃勃地进行这些活动，无所畏惧，对自己遇到无论怎样的情况都可以非常自信地应对。

此外，玩耍是一种仅从玩耍本身就可获得快乐和满足的活动。

各个层次的教育机构存在的理由应该是能够提供一种环境。在这种环境里，某种玩耍形式占据主导地位，玩耍被理解为其最宽泛的意义——自由探索，并得到教育者的支持和鼓励。在这种环境里长大的孩子成人之后，也能像年少时那样，可以自如应对未知的将来。[1] 置身于这样的环境，将有助于成年人消除他们天长日久积累起来的那些未经审核的惯例和假定。

---

① 亦见 Daniel Greenberg, "The Meaning of Play," in *A Clearer View*, Framingham, MA: Sudbury Valley School Press, 2000, pp. 3 - 30。

# 第四章　新世界

真正的教育导致不平等的出现：个性的不平等、成功的不平等、才赋/天才的极度不平等。因为不平等而非中庸、个体优越性而非标准化才是衡量世界进步的尺度。

——菲利克斯·E·谢林①

## 旧世界

工业革命把工作机械化，使用机器代替人作为能量的来源。机器代替了人的肢体。工作被定义为由于使用了能量而

① 菲利克斯·E·谢林（Felix Emmanuel Schelling，1858—1945），美国教育家。——译者注

使物质的一种或多种性能产生变化。比如，移动物体、烧开水、把铁屑转化为铁、锻铁以及使用木浆造纸，这些都涉及体力劳动。机器成为工业革命的标志。使用机器生产物品的工厂成为这一新时代的主要产物。学校也被设计得如工厂一般。

上文中我们已经提到，从教育的视角来看，工业革命是旧世纪的先导，因此旧世纪被广泛认为是工业化时代。这一革命引发了一个严重的社会问题，机械化生产要求人们像机器零件那样工作。实际上一般人都不喜欢做强迫自己成为机器零件的工作。正是像弗雷德里克・泰勒这样的人所做的工作驱使着机械化生产的设计师把人当作可以替换的机器零件使用。[①] 机械式工作对创造繁荣的工业经济非常有必要。西方社会是如何做到让数以百万计的人心甘情愿地像机器人一样，各自做着简单的工作，以便让自己和别人都可以享受高质量的生活呢?

答案在于公共教育。这种教育就是设计用来控制普通人——而非精英们——的孩子的，给他们传授工业化时代所需要的行为和基本技能。在这些新技能之中，主要的技能就

---

① Frederick W. Taylor, *The Principles of Scientific Management*, New York: Harper & Brothers, 1911.

是能够像机器零件一样工作这一完全不自然的技能。这是一个庞大有序的状态。

维持这一状态需要做两件事。第一，学校必须破坏孩子的自由精神。学校过去和现在都必须强迫孩子安安静静地坐在一个地方，排好队，让做什么就做什么。不要四处跑着玩儿，不要做自己想做的事情，不要自由自在地发展好奇心。相反，要接受严格的纪律。所有上学的孩子都得在同一时间做同样的事情。要是他们不照办，就惩罚他们。

第二，学校还要传授孩子具体的技能，使其能够在机械化的工厂里高效地工作。这些技能就是前面所述的三个“R”：读、写和算术。学校需要教授阅读，因为他们得读懂指令。学校需要教授写作，这样他们就可以处理需要他们处理的文件。学校需要教授算术，这样他们才能轻松对付各种度量问题，可以进行工业经济所要求的标准化记账，这既是为自己好也是为老板好。简言之，这三个“R”是工业革命所要求的三项基本工业技能，它们构成了学校采用的课程设置的核心。

学校的目的是把能在工厂工作的学生作为其预期产品，并且使用恰当的材料和方法传播工业化的信息和指令。教育体制把学生视为恰好能把产品放进去的黑盒子。巴甫洛夫[1]关于使用奖惩方法加强学习效果的理念充斥在教学法的设计之中。[2]

正如前文所言，教育体制期望学生能够做那些使用电脑、录音机和摄像机可以做得更好的事情。学生们对此心知肚明，并且讨厌这种做法，即便有时只是无意识地这样做。电脑可以比学生记住更多的内容，可以回忆、比较、计算得更为精确快捷。

与现在学校的做法恰恰相反，学生需要学习的最重要的东西是电脑和其他电子设备做不了的事情。而且，教师们还忘记了一点：将不相关的内容遗忘是最重要的能力之一。

教育体制把学生视为可以加工的产品，把他们一起放在组装线上，在安排好的程序里一次又一次地运行。加工本身更多地由机器来进行（比如，批阅论文、制订课程计划和安排作业）。简言之，当今的学校是按照工厂的模式设计的。进来的学生被当作原材料，进入把他们转化为成品的生产线。对于学生生机勃勃的一面却极少认可。学生按字母顺序

---

① 巴甫洛夫（Ivan Petrovich Pavlov，1849－1936），苏联生理学家，创立了高级神经活动学说，提出了条件反射的概念，因对消化生理的研究获1904年诺贝尔生理学/医学奖。——译者注

② Ivan Pavlov，*Conditioned Reflexes*，Oxford，England：Clarendon Press，1927.

排成一行，步伐一致地走路，别人不冲他们开口他们就缄默不语，坐成一排，接受定期检查，参加考试等。所用材料大为不同，但对待他们的方式却毫无二致。这种体制力图把其产品的多样性降至最低限度。如果成品以高价位售出，教育过程就被认为是成功的。

工业文明把机械化的世界观作为其指导模式。正如宇宙被看作一台由永恒不变的运动规律所指挥的大机器一样，工业文明也是基于机器所提供的富足的生活，寻求一个由不变有序的规律所统治的社会组织。因此，从历史的角度讲，工业化社会已经产生了确保其以工业化方式生存的方法，首先是在人的童年时期，其次是在人的整个成年生活之中。

工业化生存的基本机制是社会对个体的外在控制。诚然，工业文明的一个显著特点是强有力的中央统治，从声称神权的帝王到民主选举出来的统治者，都得到警察和军队的支持。

为了控制孩子，就建立起学校，按照该社会文化所要求的方式引导孩子的发展。这些学校按照如下方式完成自己的文化使命：

● 学校“不让学生上街”。换言之，在孩子的性格形成期，一天的大部分时间中，学校都把孩子约束起来。

● 通过成年**教师**的介入，学校不断向孩子灌输该社会的文化价值观。教师必须具备的最重要美德是，要忠于该文化的价值体系，其他东西都是次要的。这是每个工业化社会教师培训和遴选的基础。

呼吁教师培训或教师资格方面进行变革的声音小心翼翼地回避了这一点。事实上，长期以来，教师培训的实质基本上没有什么变化，正如教书作为一种职业的本质没有发生变化一样。这正是工业文明希望它成为的那种样子。因此，具有知识领域大师风范的教师并不是学校想要的教师，因为大师一般具有独立性，有自己的思想和方法，甚至有可能导致变革。相比而言，重要的是，教师只对某个领域浅尝辄止，这样他们充其量只能领会并传播当前公认的主流价值观和知识，而不会对之提出挑战或增添新内容。同样，教师的社会地位也被小心翼翼地维持在中间层次，足够赢得尊重，尤其是获得工人大众的敬重，但又不至于高得足以吸引那些真正具有创造力、活力或想象力的人加入这一群体，至少确保这种情形不会成为惯例。

● 学校把学生的精力引向获取工业经济所需要的那些技能方面。① 美国一直存在着无休止的课程评估潮流，最近几年表

---

① “如果我们使用必要的技术教孩子，那么孩子是可以教的。同样，如果我们不再顺其自然地让孩子有动力，而是对我们渴望孩子身上具有的行为变化进行引导，那么孩子是可以产生动力的。”参见 Siegfried Engelman，*Your Child Can Succeed*，New York：Simon & Schuster，1985，p. 7。

现得更为疯狂，这是因为尽管美国已经走出了工业化生活方式的圈子，但教育机构还是尽力视其仍处于工业化时代。

进行评估之后，学校就进行课程设置来反映这些需求。孩子们进入各种技能小组，由监管者加以控制，这些监管者是该文化为实现此目的而专门挑选出来的。在美国，监管者主要是各种组织和机构，有官方的也有私人的。他们分配资金、资助教师培训、提供奖学金、购买材料以及开发某些需要特别关注的领域。

在监管学生进入某一学科的过程中，一个重要工具是强迫年轻人接触所选择的学科范畴并接受接下来的淘汰过程。这是通过各种各样的测试和评估实现的，以帮助监管者在引导过程中做出选择。由于在愈发复杂的工业化背景下，挑选过程更为复杂，因此这些测试也就更为频繁，更为综合化，更具控制力。复杂经济要求精细度更高的调节，导致更多的干预和控制的出现。

随着工业文明越来越成熟和愈发错综复杂，课程设置和控制机制也变得日益复杂起来。随着时间的不断推移，出现了一种不可抗拒的驱动力，要在学校开设的科目单上增添新的课程，因为工业技术的覆盖面更加广泛了，要对自然环境实行更多的控制。只消看一眼联邦教育部和各州政府的教育部门颁发的 K-12 级最新课程大纲，就可以清楚地看到一种日益发展的趋势，要把全部的人类知识范畴都涵盖在通用课程设置里面。事实上，如今任何人都没有一丁点儿希望能够积累起一种含义深远的综合性人类知识素养。再说，一个人涉猎的知识领域越宽广，他对这种知识的掌握就越肤浅。而且，当今所能获取的信息量确实太大了，因此任何认为这部分或那部分信息比其他信息更为重要或更具意义的尝试都是目光短浅的做法，与那种经久不衰的历史经验背道而驰。这种历史经验是，每一代人正是在前几代人漠不关心的那些地方找到了最具意义的信息。

正如科林·谢里[①]所言：

> 莱布尼茨[②]——有时人们这么说——是最后一位洞晓一切的人。尽管这话肯定夸大其词了，但却是具有相当意义的警句隽语。其真实性在于，直到 18 世纪的最后几年，我们最伟大的教师不仅能够了解其时代的全部科学，甚至

① 科林·谢里（Colin Cherry，1914—1979），英国认知学家，主要贡献是对于听觉的研究，具体是对鸡尾酒会问题（Cocktail Party Problem）的关注，主要著述有《关于人类交流》（1957）和《世界交流：威胁或希望》（1971）。——译者注

② 莱布尼茨（Gottfried Wilhelm Leibnitz，1646—1716），德国自然科学家、哲学家，微积分、数理逻辑的先驱，设计并制造了演算机（1672），提出了二进制，建立了单子论和神正论学说，主要著作有《神正论》、《单子论》等。——译者注

> 还精通几种语言，而且吸纳了一种广博的文化。然而，随着科学劳动成果日益应用到改善物质方面，专门化兴趣的领域逐渐得到发展，日益增加的科技工人团体的活动开始分道扬镳。今天，我们大部分人都满足于精细地培育我们自己的科学小花园（下面将接着使用这一暗喻），偶尔通过隔着篱笆跟邻居聊聊天得到些乐趣。同时，我们跟邻居讨论、批评和展示自己的作物。[①]

即便是工业化教育体制的批评者也承认，这种体制做得不错，尽管人类付出了高昂的代价。正如乔纳森·科扎尔[②]所言，"美国的教育绝非荒谬混乱的错误结构。它是冷冰冰的超级机器。它做着自己的工作，不是我的工作，也不是你的工作，而是原先构想这种教育时的工作……美国公立学校的首要目标和基本功能不是教育出好人，而是统治者管理……在教育学院模棱两可的欺人之谈中，我们使用……诸如'社会化功能'这类

---

① C. Cherry, *On Human Communication*, New York: John Wiley & Sons, 1957.

② 乔纳森·科扎尔（Jonathan Kozol，1936— ），美国作家、教育家、社会活动家，以其关于美国公共教育的著述闻名。主要作品有《夭折》（1967）、《自由的学校》（1972）、《缄默的囚犯》（1980）、《关于为人之师》（1981）、《文盲的美国》（1986）、《天赐恩宠》（1995）和《致一位年轻教师的信》（2007）。——译者注

高雅的词语。其功能是……十二年的强制性自我非人化、自我衰弱、血性丧失。”①

在工业文明中，学习过程的本质受到强烈的干扰。学习的主导形式是教授技能，通过奖惩来促进这一形式的发展。通过探索及其他自我激励的活动来学习的方式在各个方面都被削减了。将孩子束缚在学校这一做法严重限制了孩子接触周围环境的机会。此外，官方课程设置不提倡进入自然领域或智力领域，通过不准允、反对、惩罚以及频繁的社会排斥（强制性隔离、交给精神病院、囚禁）严格压制这一行为。

在工业化教育体制中，必须在适当的时间以适当的方式掌握适当的内容。因此，不应该“过早地”（尤其是不应该由认可的教育体制之外的某个人，比如说父母）或“过晚地”（这使孩子成为学习迟钝者，妨碍其具有最起码的发展速度）教授孩子某一领域的知识。教科书是精心挑选出来的，并受人监控。权威人士选择教科书，出版商恪守规定的格式，即使冒着教材不被市场欢迎因而蒙受经济损失的风险。学校图书馆也得经过仔细审查，除非是批准下来的项目，否则一般很少加以利

---

① Jonathan Kozol, *The Night Is Dark and I Am Far from Home*, Boston: Houghton Mifflin, 1975, p. 1.

用。发展心理学和教育心理学的整个领域都是根据工业文明的科学性来构建的，旨在实现这样一种理念：学校以统一的机械化方式对待孩子们是有道理的，是基于正确的科学依据的。跟这些工业化时代的理论家们辩论毫无意义。因为需要他们的存在，以证明工业文明为使其生活方式永久长存所采取的措施是合理的。

独裁主义政府早就使用精神病学的疗法和标签来限制精神病学机构，以此作为控制公民的武器。人们没有普遍认识到的是，**所有的**工业文明使用这些武器把包括孩子在内的全体人员都限定在定义明确、可接受的公共行为模式中的严重程度。工业文明要想维持工业经济所要求的兵营式严格控制，就必须压制那些在标准规定范围之外的行为，这与前工业化时代构成了鲜明对照。前工业文明则寻求可能的方法，在自己的结构内融入具有任何行为模式之人（包括那些我们所认为的严重精神病患者）。在工业文明中，任何一个地方的独行其是者都被逐出了生活主流，而且这一过程——正如人们所预料的那样——始于童年时期的学校，学校希望最好让正在成长的孩子深深铭记于心：一直到成年生活中都要坚守正确的行为方式非常必要。工业化学校体制“越完善”，它就越严密地监控“偏离常规”的行为。这主要是由心理学家、教育专家以及整个或部分单独的机构进行的，这些机构人员充裕，并且得到了公共基金的慷慨资助。孩子们在应对官方课程设置时遇到的困难，通常被说成是心理紊乱或行为紊乱，需要得到专业的“治疗”。

问题永远都不是：“为什么在发达的工业文明中人们就像羔羊一样、像追星族一样呢?”没有人问这一问题，因为对这种行为的需求位居工业社会生存能力的核心。问题可能会是：“革新者在工业文明中如何生存下来?”答案是，这是统计学的遁词，是从夹缝里偷偷挤进来的怪事，因为绝大多数革新者——甚至那些在离世后最终成为英雄的人——都**不能**存活下来！

工业文明内部包含文化间永恒冲突的种子，这种冲突是由控制机制的张力引起的。工业文明必须使用控制机制，以使人性适应工业机器的需求。人类天生就是自由驱动者，天生就是漂泊探险者，天生就是自我推动者，天生就是随心所欲的模型制造者，在任何可能的层面，他们都会抵制工业文明为了把他们的活动限制于该文化所允许的范围之内所做的努力。人性与工业化生活方式之间的这种固有冲突产生了大量容易引发混乱的社会心理现象。这些现象包含于所有工业文明之中，并且总是威胁着要从内部撕裂工业文明。

在教育领域，这些张力表现为广泛地抵制学校里进行的教育。正如吉尔伯特·海特[①]所言："对教师而言，为什么施教通常那么艰难？对学生而言，为什么学习几乎总是那么困难？"这其中包含多种原因，然而可以肯定的一点是，随着如今许多学校在西方世界的建立，学习成了某种强制性的东西。它成了一种"应该"，更糟糕的是，成了一种"必须"。在自由的土地上，如今的年轻人则嘲弄"应该"，尽最大努力逃避或抵制"必须"。[②]

## 新世界

我们都已十分厌倦接连不断地宣称新的纪元和新的开

---

① 吉尔伯特·海特（Gilbert Highet，1906—1978），生于苏格兰西南部的港埠城市格拉斯哥，1951 年加入美国国籍，是 20 世纪中期美国著名的人文学教授。一生中大部分时间用于教学，同时著书撰文提高大众文化水平。主要著述有《荷马概略》（1935）、《经典传统：希腊、罗马对于西方文学的影响》（1949）、《教的艺术》（1950）、《不可征服的人脑》（1954）、《讽喻的解剖》（1962）、《不朽的职业：教与学的乐趣》（1976）。——译者注

② Gilbert Highet，*The Immortal Profession*，New York：Weybright and Talley，1976，p. 1. 海特叙述了一个有趣的插曲，阐明强制性接受引起的对学校教授的课程的终生厌恶："我最后一部书出版时，一位好朋友问我总共写了几部书。我说：'我想有 14 本，不包括那本小的儿童读物。'听到这话，她笑了起来，说：'我们家道格毕业之后恐怕总共**都没读过** 14 本书呢。他们把《劫后英雄传》和《织工马南》硬塞到他的面前。直到现在，他看到上面排满印刷体的装订书就感到恶心。除了《华尔街日报》和《体育画报》之外，其他东西他一概不读。'但是，她的道格却是一位非常能干的人，脑袋瓜儿灵活，是个全才。正是早期的强制性接受'冻结了他心灵的暖流'。"（pp. 2 - 3.）

端要出现。因此，在新的时代真正到来之时，我们似乎很难辨认出它。然而新的纪元真的到来了，旧的时代正以惊人的速度消退和磨损。①

——莱斯利·盖尔布②

尽管新时代到来的意识正在蔓延，然而对其本质特征及其应有的称谓尚需达成共识。有人称其为后工业革命时期、信息时代、不确定性时代、盖亚③时代、异端时代、新资本主义时代、网络社会时代、享用时代。现在期望对其称谓达成共识，尚为时过早。毕竟，西方世界花了好几百年的时间才最终确定了“文艺复兴”这一名称。不管贴上什么样的标签，如今大部分学校、“高等学术”机构以及为专业人士和平民百姓设计的继续教育课程都未对新时代的本质以及产生该时代的变革意识做出回应。

工业革命向后工业革命的转化，产生了极为不同的教育

---

① “Fresh Faces,” *New York Times*, December 8, 1991, p. 50.

② 莱斯利·盖尔布（Leslie H. Gelb），曾担任《纽约时报》专栏记者和政府高级官员、对外关系委员会名誉主席。他的最新著作有《权力规则：常识如何拯救美国外交政策》，这本书展示了21世纪如何思考和使用权力。——译者注

③ 盖亚（Gaia），希腊神话中的大地女神，是主管婚姻和丰产的女神，即罗马神话中的忒格斯。——译者注

和学习的观念。这一新的革命以19世纪三大技术的出现为基础，这三大技术在20世纪进入了全盛时期。首先是电报的出现。这种机械装置并不做有形的工作，而是**传送**符号。电报使**交流**变得机械化。当然，紧接着电报之后还出现了一系列重要改进，比如电话、收音机和电视。

其次，第二大技术发展是雷达和声呐①技术，它们是**观察和产生**包含数据的符号的设备。这些设备所做的也非有形意义层面的工作。随之而来的是更为复杂的设置，比如电子显微镜、X光线、超声波以及核磁共振成像②。

最后是计算机的出现。计算机对符号进行逻辑性操控，它也不做有形的工作。约翰·杜威③把对符号的这种处理方式称为“思维”。④ 基于此，电脑被称为“思维机器”。

这三种技术放在一起，就产生了数据，数据被加工为信

---

① 声呐（sonar），是sound navigation and ranging的缩写，这是一种利用声波和超声波的水下探测装置。——译者注

② 核磁共振成像（MRI），是magnetic resonance imaging的缩写，医学术语。——译者注

③ 约翰·杜威（John Dewey，1859—1952），美国哲学家、教育家和心理学家，实用主义哲学学派创立者之一，机能主义心理学先驱，实用主义教育的倡导者，主要著作有《经验和自然》、《学校与社会》、《心理学中的反射弧概念》等。——译者注

④ John Dewey，*The Theory of Inquiry*，New York：Henry Holt and Co.，1938.

息和知识，然后信息和知识被输送到需要它们的地方。这些都是**心理**功能。这些设备取代人脑的一些功能，这种现象逐渐被称为**自动化**。自动化对于后工业革命而言，犹如机械化对于工业革命的意味。后工业革命不是工业革命的简单延伸，二者在类型上有着本质的区别。

当学校被视为工厂时，设计学校的目的就是为了促进教而非学。总体而言，建筑师和教育家尚需努力，设计出能够促进学而非教的教育环境。为了学而建立起来的为数极少的几所学校（比如位于马萨诸塞州弗雷明汉的瑟谷学校）不得不适应为了其他目的而建造的楼房。然而，这些学校与其他传统学校不同的地方是，它们提供了为学习而设计的机构应该是何种面貌的思路。要记住，大部分学习是在家里、在工作中、在户外进行的。

当前学校设计的另一方面，也是一个重大缺陷，即学校得到利用的时间极少，这是因为它们只为一种功能而设计。一天的二十四小时中，学校大部分时间都处于闲置的状态。一年当中的好多个星期，学校都未得以利用。这一点表明，如果把学校设计成多功能的形式，学校的楼房就可用于其他相关的用途。多功能学校的存在，可以增强教育的功能。学校可以作为社区中心、成人教育的场所以及提供政府服务的中心。学校不妨跟公共图书馆和提供公共服务的建筑——譬如地方政府和警察局——结合起来。通过接触这些建筑里的活动，学生们可以学到很多东西，这也把学习极大地融入了正常活动之中。

最后，应该注意的是，学校——尤其是学院和大学——办公室设计和安排得活像寺院的小室。这种状况绘声绘色地揭示了教育者声称要寻求教育跨学科性的那种虚伪。在空间上把同一学科的职员隔离开来，他们的位置不直接连在一起；让不同学科的职员使用不同建筑物或同一建筑物的不同楼层，也把他们人为地分离开来。所有这一切都进一步孤立了职员，使他们相互之间不易接近。

尽管后工业时代的生活方式依旧处于萌芽期，但仍可能发现其在这一阶段的一些主要发展特征。

最显著的事实或许是，通信技术实际上形成了一种**全球思维**，每位个体都可参与其中。说到全球思维，我指的是一个全球性博物馆，在其中，所有发生的事件都被如实记载下来；记载下来的所有东西都被以合适的方式贮存在全球性记忆之中；进入者都可以用自己希望的形式看到贮存的所有东西，并且可以以自己希望的方式对这些东西进行操控。在宇宙范围内，现在和过去都被融入可以随意分析和研究的巨大经历库之内。

伴随着新通信技术的出现，新交通技术把世界变成了一个村庄。从该词的真正意义上讲，即新交通技术使得把人和物品从地球的一片国土移动到另一片国土（在时间、精力和花费上），比在前工业时代从一个村庄移到另一个村庄都更为容易。

此外，后工业化时代也显露出一种前景，即生产经济将最终在本质上使人类摆脱对生存的担忧。为人类基本生存需求而进行的物质产品的生产，将会逐步通过常规化的程序实现。这些程序**跟所有其他常规化程序**一样，将会趋近完全的自动化。人们的大量时间、努力和经济活动将愈发趋向于生产非必需品，这些产品是根据从事这种活动的某一文化的价值架构设计的。

已经显而易见的是，后工业化生活方式——不管它处于何种文化之中——高度重视诸如**创造性**、**革新力**、**审美满足感**、**美**、**理解力**、**洞察力**、**好奇心**、**学者素养**和**智慧**这类特性。后工业化社会是一个富于创造力的花园，人类精神可以在里面自由盛放，从而与自身达到和谐。在后工业化时代，人类的灵魂主要致力于受内在驱动进行不断的角逐，从而揭示新的奥秘，创造新的方式，征服新的心灵世界。

所有这些根本变革都极大地改变了教育的风景线。

## 思维革命

阿尔伯特·爱因斯坦曾经说过："我们不能使用问题形成时使用的思维方式来解决这些问题。"当今的教育体制未能使学生意识到当今的思维方式是什么，未能使他们意识到我们当今所面对的思维方式不能成功解决的问题究竟是什么，也未能使他们意识到何种思维方式才可以切实解决这些问题。

在西方世界，文艺复兴之后，继笛卡尔[①]和牛顿之后，人们普遍认为宇宙是一个上帝创造用来做自己工作的机制。人们还认为使用一种称为"分析"的思维方式可以完全洞晓和理解宇宙。

分析是人们自然产生的三步思维方式。这一点可以在大多数儿童试图理解自己不明白的某种事物——比如玩具或收音机——的方式中看到：

1. 把想知道和想理解的东西拆开。

① 笛卡尔（René Descartes，1596—1650），法国哲学家、自然科学家、解析几何学的奠基人，提出"我思故我在"，其哲学基础是灵魂和肉体、"思维"实体和"广延"实体的二元论，主要著作有《几何学》、《方法论》、《哲学原理》等。——译者注

2. 描述或解释拆开部分的运行方式或性能。

3. 把部分描述和解释集合成知识或所谓的对整体——有待解释之物——的“理解”。

譬如说，要描述或解释一所大学，我们先把它拆分成学院，然后到院系，再到课程设置，最后是课程和班级以及管理方式。接下来，我们识别构成大学的那些不可分割的部分：学生、教职员工、管理人员以及资助人士。我们描述每个部分所做的工作对整体运作产生的作用，然后把这些方面综合起来，从而解释整体——大学——的本质。

第二次世界大战之后，随着对“系统论”本质的兴趣日益浓厚，显而易见，不能通过分析系统的运行方式和性能来理解系统，因而要求一种完全不同的思维方式。要想理解这一发展，我们必须首先知道何为系统。

**系统是依据其作为其中一部分的一个更大系统所具有的功能来确定的一个整体。**

比如，电话系统由其功能确定，即在人与人之间传输声音。

**每个系统至少包含两个关键部分。缺少任一部分，系统都无法行使其确定性功能。**

比如，汽车的发动机和变速器对汽车性能的正常发挥非常关键，但挡风玻璃上的雨刮器和车内的烟灰缸就不是必要的。

**系统的关键部分满足三个条件：**

**1. 每个部分都可以影响整体的运行或性能。**

**2. 每个部分影响整体的方式取决于至少另外一个部分的功能。（换言之，各部分的影响是相互依赖的。）**

**3. 关键部分的子集（亚系统）也可影响整体的运行或性能，但它们对整体不会产生单独的影响。**

从系统的本质来看，把系统拆散开来，它就失去了所有的确定性性能。（拆开的汽车不能载人到任何地方；拆散的计算机不能进行计算。）对系统进行分析时，先把它拆开，这样做就把它所有的确定性性能统统抹杀掉了。因此，**不能通过分析的方法来理解系统**。其运行和性能不能通过对它加以分析而得到解释。譬如说，对英国汽车进行再多的分析也解释不了为什么汽车行驶在左边而不是像我们那样行驶在右边。再多的分析也解释不了我们为什么使用阿拉伯数字而不是罗马数字。

对系统进行分析只能揭示其**如何运作**。它所提供的是专门的技能和知识，而非理解，也就是解释它为何按照现在这样的方式运作。这要求**综合思维**。综合思维也包含三个步骤，每一步都与分析思维中对应的那一步相对立。在综合思维的第一步中，有待解释的系统被认为是一个更大系统的一部分，即被包含在其中（包含系统）。（譬如说，汽车是交通系统的一部分；大学是教育系统的一部分。）

在综合思维的第二步中，包含系统的功能得到解释。（交通系统、教育系统的功能是什么？交通系统：有意地把物品从此处运到他处。教育系统：使人们能够发展成有力量的成人并保持这一状态，使其在这一过程中非常愉悦，而且使其为自己身为其中一员的社会及社会其他成员的发展做出贡献。）

最后，将包含系统进行分解，识别正在解释的系统在包含它的系统内部所具有的功能，这样该系统就得到了解释。（设计汽车的目的是随心所欲地把人从自己选择的陆上起点运送到自己选择的陆上终点，这属于个人的私人空间。长久以来，汽车设计为载客 6 人，因为这是打算让普通美国家庭使用的，当时一个普通家庭平均有 5.6 人。现在普通家庭人口平均为 3.2 人，因此汽车也变小了。）

注意，分析在一开始便把物品拆开，然后产生知识。综合则一开始便把物品整合在一起，然后产生理解。分析是科学家进行研究的方法，而综合思维却在**设计**中得到例证。目前的教育体制未能让学生意识到这些不同的思维方式以及每种方式的效用。

综合思维有另外一个极其重要的方面。我们所应对的系统正在变得愈发复杂，举个例子说明这一点吧。想一想附近的小食品店与像沃尔玛[①]这样的全球连锁店的区别或者帐篷或棚屋与摩天大楼的区别。科学家们正在寻找一种有效应对这种复杂性的办法。但令人遗憾的是，大部分科学家都使用分析的方法来研究这一课题。其结果就是识别出大量的变量及其之间的关系，但我们应对不了它们。但是，如果采用综合的方法来探讨其复杂性，即使用设计的办法，就像设计高楼大厦或城市一样，那么我们有效应对复杂性的能力就似乎是无限的了。

与其说综合思维在学校课程设置中缺席，不如说分析思维在其中占据了主导地位。

---

① 沃尔玛百货有限公司（Wal-Mart Stores），美国零售业的传奇人物山姆·沃尔顿（Sam Walton，1918—1992）于 1962 年在阿肯色州成立。经过四十多年的发展，沃尔玛公司已经成为美国最大的私人雇主和世界上最大的连锁零售企业，提出了“帮顾客节省每一分钱”的宗旨，推行“一站式”购物新理念。截至 2009 年 5 月，沃尔玛在全球开设了 7 900 多家商场，员工总数达 210 万人，分布在全球 14 个国家。每周光临沃尔玛的顾客有 1.76 亿人次。沃尔玛是全球 500 强榜首企业。事实上，沃尔玛的年销售额相当于全美所有百货公司的总和，而且至今仍保持着强劲的发展势头。——译者注

综合思维是人类思考的通常方式。从最初的婴儿时期开始，世界便以整体的形式触及我们。我们每个人都需要学会以应对一生的任务，令生命充满意义，并富有理性。

分析思维是现代初期科学家使用的一种可能有用的工具。宇宙的复杂性使科学家们不知所措，他们试着寻找办法把它打碎，希望这些碎片处理起来会简单一些。他们当中最有城府的人知道，这充其量不过是一种把我们对现实的印象划分成部分的机制，这样可能使我们产生一些对整体功能的新的洞察力。

因此，打个比方说，物理学家会关注两个任意物体之间的引力，尽管这两个物体从来没有离开过宇宙的其他部分而存在，而且相互作用的两个物体的运行也从来没有对应于世界上任何实际物体的运行。甚至把有形物体之间的相互作用分析式地划分为万有引力、电子力、磁场力及其他力，也只能作为研究实际物质系统运行的潜在洞察力的指南，因为这些系统中没有一个系统曾经表现出只有一种力在发生作用。

富有创造性和创新力量的物理学家明白这一点，于是他们总是寻求更为整合的方式来理解宇宙。尽管分析性方法的有用程度令人吃惊，但这并没有使那些认识更为深刻的思想家把注意力从找寻对自然现象的全面、综合的理解上面转移开来。这种找寻无疑将永远继续下去，因为观察人类整体体验的新方法在不断地出现。

教育中充斥着关于分析性思维的阐述。这始于对科学材料——即与物质世界运作有关的材料——的简单呈现，随后这种方法蔓延到了几乎对所有智力活动领域的呈现上，即便是那些最经不起这种方法考验的活动也未能逃脱这种命运。即使当前解释大自然运行和人类活动神秘性的努力方向已经逐渐脱离分析，转而趋向对人类思维来说比较自然的更具综合性的方法，我们的教育制度还是紧紧抓住早已过时的思维方式不放。

如果教育体制能够给予各个年龄段的学生自由的空间，让他们可以沿循自己独特的理解之径，独自寻求最适合自己的才智工具，以佐助其走过这一路程，那么，上述情况就会得到极大改观。对于那些探求加深对环境的理解的人而言，没有理由怀疑掌握不同的思维方式应该成为他们最优先发展的能力。

# 第五章　反民主式教育

我认为，进步教育①哲学若不强调学习者参与在目标形成中的重要性，以及这些目标对学习者学习过程中的活动进行的指导，那么其声音再响亮也毫无意义。正如传统教育的最大瑕疵就是，它未能在学生学习目的的构建过程中得到学生的积极配合。

——约翰·杜威

美国的种族、政治和社会结构中有三个核心概念，这三个概念是整个国家的指导性原则。从一定意义上讲，这三个概念

① 进步教育，一种以约翰·杜威及其追随者的理论为基础的教育体系，强调学校课程的开设应适合学生的能力与兴趣，而不应要求学生适应学校的课程。——译者注

是我们努力实现的至关重要的理想。不可否认的是，美国人未能把这些概念变成现实。然而，显而易见的是，这些概念仍然是我们最根本的基础，我们没有据此生活这一事实也促使我们努力工作以完全把这些概念变成现实。

第一个核心概念是个体权利。每个人都被赋予某些“不可剥夺”的权利，即属于个人的权利，是其内在固有的权利，不是某位乐善好施的统治者馈赠的礼物，也不是哪个有至高无上权力的国家赋予的特权，而是毫无条件地属于个人的权利。

关于这些权利的来源，没有必要达成共识。有些人认为它们出自上帝，有些人认为它们源自某个自然法则统治者，还有些人认为它们植根于一门关于人与社会的科学。关于人的权利存在诸多哲学理论，而许多人并没有任何理论依据，却本能地相信这些权利。所有的人都认为存在不可侵犯的个体权利，而且这些权利对于人们的生活方式非常重要。

关于这些权利的准确数量和本质，也没有必要达成共识。不同的人、不同的社会、不同的时代有关权利的列表多少会有些不同。打个比方，隐私权只是到了现在才逐渐得到了应有的认可。相比而言，言论自由的权利在每个人的表单上都位居前列，而且有史以来便已存在。当然，在日常生活中，准确知道什么权利得到了承认是非常重要的。然而，为了理解我们生活方式的基础，这样一种思想十分重要：确实存在一套属于每个人的个体权利。

在时间的长河中，权利的归属**“人”**这一词语的意义发生了多次变化。即便到了今天，个体权利的概念也没有延伸到人们口中的一个大群体，即 18 岁以下的人。只有成年以后，人们在法律面前才真正成为**“人”**。

第二个核心概念是民主政治，即统治一个社会的所有决策都是由该社会以一种民主的方式决定的。第一个核心概念——个体权利——涵盖人们生活中主要影响人们自身以及个体应为之负责的行为。第二个核心概念——民主政治——涵盖主要影响群体以及群体应为之负责的行为。总体原则是，最受某种行为影响者应该参与到对该行为的决策之中。

对于**“政治的民主决策”**一词没有统一的界定。本质上讲，它指的是通过投票而非政令来决定问题的过程。

第三个核心概念是机会平等，即每个人都有平等的机会实现任何目标。当然，机会平等并不是指每个人都得到平等的结果。我们一直坚持给每个人同样的起跑线，让他们以自己希望的方式跑到自己希望到达的地方。不过我们并不坚持让每个人步调一致地一直奔跑。亚伯拉罕·林肯[①]讲过一些令人难忘的话，“（内战）从本质上讲是人民的战争。在支持联邦政府的各州看来，这场战争是为了在世界上维持政府的那种形式和实质。这个政府的主要目的是改善人类的境况，把所有人肩膀上承担的人为负荷卸掉，为所有人进行高尚追求扫清道路，为所有人在人生竞赛中提供一个毫无约束的开端和公平的机会。”

这三个核心概念不可分割，同时也与美国的命运不可分割。它们就是美国梦。如果这些概念得以实施，美国梦就变成了美国现实。

有人会认为学校是美国梦最持久、最具活力的诠释者。毕竟，教育若非为年轻人成为终生负责的成熟公民做准备，那它的最终目的又是什么呢？学校若不承担实现这一目的的任务，那谁又能承担呢？如此说来，我们的教育制度就是当今美国最不美国化的体制，这对我们的未来是多么不幸、多么危险啊！

我们学校里的学生——从幼儿园一直到研究生层次——实际上毫无个体权利可言。他们在学校里做的所有事情，几乎完

---

① 亚伯拉罕·林肯（Abraham Lincoln，1809—1865），美国第 16 任总统（1861—1865），共和党人，当过律师、众议员（1847—1849）。就任总统后，爆发南北战争（1861），他采取了革命性措施，颁布了《宅地法》和《解放宣言》（1862），取得了战争的胜利（1865），战后遭到刺杀。——译者注

全处于教师、行政人员、管理者的专制支配之下。学生没有言论自由的权利，没有持有异议的权利，没有和平集会的权利，没有与批评者对峙的权利，没有保有隐私的权利。这个表单可以一直往下列，任何一个传统权利都可以纳入其中。在年轻人成长的整个过程中，法律——在16岁之后，再加上经济压力和社会压力——规定他们必须在教育机构服役。这些教育机构就像监狱一样，根本认识不到个体权利的存在。对于监狱对付罪犯的做法，人们当然可以以这种或那种方式辩论其做法的好处，不管他们对结果有多么不确定。但是，在学校这种情形下，人们只能对产生这种局面的“逻辑”感到怀疑。

难道人们真的认为，负责任地履行权利和珍惜监护权利，这样的能力只能在剥夺这些权利的环境里培养出来吗？我们在其他领域也会这么做吗？我们可以期望一个人在没有印刷文字的环境里学会识文断字吗？我们可以期望一个人在一帮罪犯身边学会道德规范吗？

如果说个体权利在学校里几乎尚不为人所知的话，那么民主政治就更加脱离学校生活的现实了。在我们的教育体制内，没有任何一个方面是依据民主政治的宗旨进行决策的。事实上，我们的教育体制是美国这个国家里唯一正式把独裁统治作为其统治原则的重要机构。学校直截了当地否认受到决策影响的那些人应该是决策者。学生不是其在学校所学内容以及如何行为的主要决定者，甚至在这些事务中根本听不到他们的一丁点儿声音。

学校几乎就是独裁政治的绝版。学校里有明确规定的等级，即一条清晰的命令链。每个层级对其下级拥有无限的控制权，学生是处于最底层的输家。不存在常规上诉请求的手段，只能希望凭着某些人的善意而使某人得到更好的发展。规章制度也不必进行讨论或征得同意就可以公布出去。这种建制的一个可以预测的结果就是，这种制度里充满着憎恨和仇视，在每个层级都有大量精力花费在打破或推翻这种制度上面。我们教育体制的建筑师显然忘记了民主政治的一个最大利益：取得应用对象同意之后制定的法律——征得被统治者的同意而进行统治——才会获得尊重和遵守，其他法律体制则难以做到，甚至是一个由极度恐怖的政治力量支撑着的法律体制亦不例外。你参与制定的法律是你最不会轻易触犯的法律。

学校里平等机会的缺失在一些方面特别闻名，而在其他更为重要的方面却几乎不为人重视。譬如说，众所周知，当下我们的学校的建制方式通常把学生归于某一民族群体、某一经济阶层或某一地理区域。这样，打一开始，有些学生跟其他学生相比就处于一种可怕的劣势。

然而，在其他一些方面，机会平等的概念也遭到了蔑视，这更为隐蔽，更具灾难性，对每个人都有害无益。这些方面寓居在一个指导性体系之内，其目的是在测试、面试以及背景调查的基础上，在人生早期发现什么样的人生课程对每位学生都“最适合”，“帮助”引导每位学生按照既定的方向发展。数学差的学生——像阿尔伯特·爱因斯坦在学校时那样——几乎没有机会去学物理学。机会平等指的是希望学习一门既定课程的每位学生都应被给予同样的机会去尝试。一个人的人生应该由他本人来决定。符合我们理想的唯一指导性做法是，给每个人做任何事情的同等机会。

我们这个国家再也维持不起非美国化学校这种状态了。去这些学校求学的学生，经营这些学校的管理者，长期以来支持这些学校的资助者，也都再也不能容忍学校所倡导的理念和国家所倡导的精神之间的矛盾了。

那些不赞成给予孩子完全的人权、赋予他们这些权利以使其掌控自己人生的观点，在实践经验上毫无基础可言。这样的陈词滥调在美国历史上也有先例，比如反对把权利给予黑人，以及后来反对把权利给予妇女。在第 14 届修正案通过后，这一问题才得到解决。这些观点来自预想的偏见和恩赐的态度。

有充分的证据表明，孩子同样具有在一个自由社会里充当完美公民的能力。好几代人以来，在学校里，孩子被当作成人看待，被给予与成人一样的尊重。英国的夏山学校①是第一个尝试这种做法的学校，当时是 20 世纪 20 年代。自此，几十所新学校在世界各地涌现，其中许多把自己视为“民主学校”，还有一些把瑟谷学校作为模板。② 这些教育环境为社会成功地培养了有能力的成年人，他们拥有自由民主社会的公民应该具有的全部性格特征。

---

① 夏山学校（Summerhill School），创办于 1921 年，是现代教育史上最著名的学校之一、因材施教的典范，充满了无穷的活力，被誉为“最富人性化的快乐学校”。夏山学校创始人尼尔（A. S. Neil）的理念是，“让学校适应学生，而不是让学生适应学校”。尼尔认为，宁愿培养快快乐乐的清道夫，也不愿造就神经兮兮的首相。——译者注

② 参见“附录”部分对于瑟谷学校的讨论。

# 第六章　抵制变革的因素

你的教导者是那些自己囿于先辈制定的思想方式之人。这是一种会永远保持下去的体制。应该鼓励那些更具活力、更具个性的人离开这一体制，去寻找教育自己的方式——教育自己的判断力。留在这一体制中的人必须时时刻刻记住，他们正在被塑造、定型从而适应这一社会更为狭窄和特定的需求。

——多丽丝·莱辛①

① 多丽丝·莱辛（Doris Lessing，1919—2013），战后英国最杰出的女作家，原名 Doris May Tayler，生于伊朗，5 岁时随父母迁居非洲的罗得西亚，13 岁结束正规学校教育，后靠自学成才。年轻时曾在罗得西亚加入共产党。作品题材广阔，擅长刻画知识妇女形象，主要作品有长篇小说《狂暴的孩子们》（2 卷）、《金色笔记》等。2007 年获诺贝尔文学奖，是该奖设立的 106 年间获奖的第 11 位女作家，也是年龄最大的获奖者。她最近的创作是《艾尔弗雷德和爱弥丽》，她说这是她最后一部作品。莱辛的小说带有鲜明的时代特色，她反思当代政治和文化思潮，从不同的角度反映人和社会的真实状况，从而使她成为时代的代言人。——译者注

像任何体制里的雇员一样，教师们力图确保自己工作的稳定性。在教育体制里，教师通过要求学生学习他们知晓的科目来达到这一目的。不同科目所**要求的**课程是不同教学层次的教师用来维持对自己服务需求的产物。甚至在他们所教的内容并非学生必须掌握以便在工业化社会中能够做得很好的内容时，情况亦不例外。假使某一群体的教师了解历史，而他们又要尽力确保职业的稳定，这样就促使他们断言每个学生都有必要了解历史，即便学生熟练地操作一台机器并不需要这一方面的知识。因为学生已经入校，因此可以通过假定这样做可以培养出好公民和更为全面的个体，而使教授像历史这样的科目合理化。同样的道理也适用于生物学、外语等其他课程。课程设置就以这种方式设立起来。

教职人员不断在课程设置上添加新科目，以便为更多（而且更为多样化）的教师提供就业机会。要做到这一点，通常需要（但并非毫无例外）在地方政府和私人部门里建立庞大的官僚教育机构。成千上万的人忙着设计课程、编写教材、实施考试、记录学习成绩等。如今，在教育工业联合体就职的人比在军事工业联合体就职的人都要多。结果，学校教给孩子们的是孩子过去从来未被要求学习、现在也不需要学习，甚至连维修机器都用不上的东西。工业革命一直在不断地萎缩，甚至几乎完全消失殆尽了。它正被一个新的时代所取代。在这个时代，教育过程有待于满足与此前完全不同的人类需求。

教育体系中就业人数的大爆炸令人敬畏，但也令人担忧。一种螺旋式旋转的效应几乎就要失控。这一点肇始于大学，因为大学使公众相信未取得大学学位者在当今社会注定是位“输家”。（很难想象，仅仅在半个世纪之前，大部分人甚至连高中都没读完，更别提大学了。）这种局面创造了两种需求，一是需要更多的大学，二是需要更多的工作满足大学教育所承诺的条件。在大学供职的教授、助教、系主任、行政管理者满足了一些就业需求。比如，在费城，宾夕法尼亚大学就是最大的雇主。传统上讲，学校一直是受过某种程度正规教育之人的就业场所，因此学校显而易见地成了提供新工作的地方。

乍一看，学校里孩子数量是有限的，因此学校里的工作机会也是有限的。但是，事实却并非如此。学校创造出各种各样的新机会，从而呈现出可以雇用几乎无穷无尽新雇员的前景。下面的新机会只是其中一些抽样：

- 更多的专职教师，这样班级规模就小一些。对于教师/学生适当比例没有最低限制，直到达到一对一的理想状态。“小班意味着更好的学习”，这一教条已经被很多的研究证明并不成立，然而班级小型化的趋向却一丁点儿也没有停止。①

● 课程设置中增加更多科目，成为年轻人接受教育“绝对必要”的内容，这样就形成了对全新类型教师的需求。课程多样化也直接导致对大批“专家”的需求，其作用是填补任课教师必然存在的知识空白，这种设置是考虑到必须涉及的额外主题的。技术发展不仅产生了新的课程和课程设置，还导致大学里出现了新的院系。

● 通过对不同年龄段学生课堂测试的管理，对教学效果的监控力度日益加大。这就形成了一个迅速发展的测试和“研究”产业。

● 就其本质而言，越来越多的测试也会“发现”越来越多的学生没有达到规定的成绩要求（尽管清晰表达的目标——加

---

① 最近的综合研究，参见“The Effects of Class Size on Student Achievement: New Evidence from Population Variation,” by Caroline M. Hoxby, *Quarterly Journal of Economics*, November 2000, p. 1239ff。霍克比认为，“估计数字表明，从统计学角度看，班级大小对于学生成绩不会产生重大影响”。我甚至排除了最小的影响（班级规模缩小10%，分数出现2%～4%的标准差）。

里森·凯勒[①]如是嘲笑——是每个学生都应该达到“中等以上”）。接下来，就需要在教育“补救”方面做出巨大努力，目的是提高考试分数。这种努力不仅包括专门的辅导教师和课后的补课，还包括顾问、学校的心理专家以及专业人士，其作用是开发和管理那些对学校要求学生所具有的特定能力产生影响的补救方法。

令人感到悲哀的是，这种正在发展的整个行业竟然是围绕着实际上已经过时的教育体制而展开的，因为这种教育体制已经满足不了长大后将要面对21世纪的孩子们的需求。思考一下，不那么渐进地废除这种教育体制对那些将不再对社会具备有用性的大批雇员所产生的那种心烦意乱的影响，将会令人清醒。在工业化时代，我们已经看到了过渡期出现的这种类似的社会动荡。

不愿意在根本上改变任何体制的心态——包括教育体制，在很大程度上源自我们在学校里接受的观念。在整个求学过程中，我们被告知，犯错误是一件坏事，我们会因此被

---

① 加里森·凯勒（Garrison Keillor，1942—　），美国短篇小说家、幽默讽刺作家、专栏作家、音乐家、广播界知名人士。明尼苏达公立广播电台（MPR）主持人，以主持现场直播的“大草原家园指南”节目闻名。在英国广播公司（BBC）第7频道、爱尔兰广播电视台（RTE）以及澳大利亚广播公司（ABC），该节目被称为“加里森·凯勒广播节目”。——译者注

降级。这一点表明，传统学校对学习是多么不感兴趣，我们从来不能从做对事情之中学到东西，因为我们已经知道如何去做。做对了这一事实证实我们确实已经知道，在这一层面上还有一些价值，但它对学习却毫无助益。

我们只能通过识别错误和改正错误的方法，从错误中获得经验以完成学习。然而，学校很少给我们这样的学习机会。犯了错误，并把错误归类，它就永远洗刷不掉。因此，我们学会了不惜任何代价来避免犯错误。

毕业以后，这种态度被带到工作岗位上，因为大部分机构都痛恨错误。跟学校一样，他们也惩罚犯错误之人。

但是，错误分两类——做而出错和避而不做。做而出错就是做了不应做之事，避而不做乃是没有做应做之事。二者相比，避而不做的代价通常更为昂贵，因为补救一个错过的机会要比改正已做过的事情难得多。

我们所有公立或私人机构采用的会计制度只记录做而出错这一次要错误，而不记录避而不做这一主要错误，因此他们不会为任何一种错误付出代价。在即使不对错误进行惩罚，也将错误视为坏事的机构里，想避免错误的人觉得，为了最大限度地维持自己工作的稳定性，应该尽可能地少做事。为了进一步保全自己，如果出现了错误，他们会尽力确保这些错误不是他们造成的。这就是推卸责任、逃避职责。这就是我们当今社会及其机构中弥漫的保守主义之根源。

这两类错误紧密相连，二者的关联点非常重要。人们避而不做的一个主要原因是他们害怕做而出错。我不做应做之事（避而不做）的原因是我害怕做这件事会让我做不应做之事（做而出错）。消除对做而出错的恐惧，将会极大地解决避而不做的问题。

如果我们要引发本质（革新）性的机构变革，就必须改变占据主导地位的错误态度。我们应该采取的态度在时任安海斯-布希公司[①]执行董事长的奥古斯特·布希三世给下属的讲话中得到了完美的阐述。这里把大意说一下：如果你去年没有犯过一个严重的错误，这有可能表明你没有尝试着去做新事情。你没有必要害怕犯这种错误会使他人对你产生成见。但是，同样的错误若犯两次，则会产生这种后果。

---

① 安海斯-布希公司（Anheuser-Busch，简称 A-B 公司），世界最大的啤酒公司，1852 年创立，总部位于美国密苏里州圣路易斯市，旗下有世界最大的啤酒酿造公司、美国第二大铝制啤酒罐制造厂等。公司占据美国啤酒市场48%的份额，产品享誉世界，如百威（Budweiser）、布希（Busch）、米狮龙（Michelob）等。该公司在亚洲、欧洲和拉丁美洲都有投资，产品销售到世界上 80 多个国家。安海斯-布希公司还经营主题公园和包装业。安海斯-布希公司的成长和成功被归功于顽强的价值观、家庭传统、洞察力、勇气、诚实、富有责任感以及充满激情的信仰。——译者注

# 第二部分

# 佐助教育之因素

# 第七章　发达社会为个体实现提供的环境

我敢于在这里提出所有教育最重要、最有用的规则吗？这不是节约时间，而是挥霍时间。

——让-雅克·卢梭[1]

每个人都是人类独一无二的成员，拥有内在目标感。然而，在现实生活中，我们的灵魂却在一个更大的文化框架内得到表述。每个人发现生活意义的方式都与此人生活于其中的环境密切相关。换言之，可以说，周围的文化是用来确定有意义

① 让-雅克·卢梭（Jean-Jacques Rousseau，1712—1778），法国思想家、文学家，其思想和著作对法国大革命和19世纪欧洲浪漫主义文学产生了巨大影响。在社会观方面，主张人们经协议订立契约，建立公民的社会。在教育观方面，提出“回到自然”，让儿童的身心自由发展。著有《社会契约论》、小说《爱弥儿》和自传《忏悔录》等。——译者注

生活的参数的，即在其中它会接受、欢迎、容忍的最宽泛活动范围。（在任何既定社会中，断言自己的内心召唤处于社会所能容忍的边缘之外者，会被社会排斥在外。其方式有二，要么被贴上疯子的标签——因此被撇在一边；要么被强制逐出——如果不被执行死刑的话。）

一个既定社会所探求、需要或宽容的活动不仅由该文化成员的传统生活经历所确定，而且——更为重要的是——还由这种文化和与它在地理尺度上相隔最远的其他文化互动的程度来确定。考古学证据充分证明，早在远古时代，在多少有些实在联系的不同社会之间存在着交流。随着人类交通效率一次又一次地得到提高，从步行到使用家畜运送货物，一直到水运的稳步发展，更多的社会开始相互作用，并且影响到各自的发展。伴随着这一进程，个体的潜在梦想和人生抱负也得到张扬。

此外，不断提高的富裕程度使许多人拥有了休闲时光，这样他们就有了自由，把时间花在不是纯粹为了谋生而进行奋争上了。迄今为止，从狩猎社会到农业社会的过渡为我们逐渐称之为职业的生活方式提供了令人难以想象的机会，这就为个体发展提供了极大的满足感，也为社会的文化贮存增添了可喜的内容。只消把现代狩猎社会中各种生活体验与古代任何农业社会中的各种生活体验做一比较，就会认识到，生活在狩猎社会中的人与生活在农业社会中的人相比，所拥有的选择大大增加了。

从现存的记载和考古数据我们可以看出，从人类最早的历史时期（自有书面记载以来），即大约一万年前，从亚洲的最边远地区到北非和欧洲的大部分地区，许多不同文化已经有了某种形式的沟通。陆地上的大篷车和范围广泛的航海活动使得这种相互联系成为可能。这一发展意味着整个辽阔浩瀚大地上的有闲阶级可以梦想各式各样的异域个人命运。① 因此，生活在一个小城邦政治环境中的马其顿的亚历山大能够想象自己成为整个世界征服者的命运，而且还能采取具体措施实现这一命运。大约 700 年前，马可·波罗②可以梦想从陆路来到东方最遥远的地区，并且把他的梦想变成了现实。

现代科学时代及其产物——工业化时代（二者统称为“现代”）——带来一些社会及与其接触的其他社会中人类境况的第二次巨大变革。这些社会（通常称为“发达社会”）积极参

① 那些无闲之人，那些生命完全消耗在纯粹谋生之上的人，必须把所有的心力和体力投入到为生存而进行的奋斗之中。在人类大部分历史时期，绝大多数人都属于此类。时至今日，世界上相当一部分人仍然处于这一境况之中。

② 马可·波罗（Marco Polo，1254—1324），意大利旅行家，以其口述东方见闻经笔录成书的《马可·波罗行记》（又名《东方见闻录》）著名，这是欧洲人撰写的第一部详尽描绘中国历史、文化和艺术的游记。马可·波罗曾在中国为元世祖忽必烈效劳达 17 年（1275—1292）。——译者注

与现代科学时代及工业化时代的充分发展。要想充分理解这一变革及其对发达社会人们所产生的影响，有必要对现代科学和现代技术重新进行审视。

科学的目的是——而且总是——理解人们所体验的这个社会的运行机制。直到最近，科学还是被恰如其分地称为“自然哲学”，它关注可觉察到的环境，并力图理解之。每种已知文化都在试图理解宇宙的运行。从广义上理解，科学就是一种普遍的人类活动。

古希腊人把一种新特征引入到了自然哲学的实践之中。历经几个世纪的漫长岁月，在广大的希腊语世界里，各个城邦的科学家逐渐创造出一种新的思维方法来思考自然，进而扩展到思考人类活动。来自如此之多辽阔城邦地区的如此之多古希腊哲学家的共同参与，正是个体间的互动对于文化发展能够产生丰富影响的有力佐证。早期哲学家及其门徒从一个城市来到另一个城市，得到当地同行的热烈响应。在柏拉图的对话以及许多关于理性思维发展的缓慢进程的现存证据中，我们可以看到这一过程的许多绝妙实例。

希腊新出现的这种思维方式被称为“理性思维”。这一概念揭示出，观看世界的唯一有效办法是透过“理性”或“逻辑”的镜片。将这一思维方式应用于物质世界的宇宙，自然哲学就表现为理性分析在感性世界的应用。在构建科学理论时，希腊科学要求严格运用逻辑和精确观察这两个方面。

分析和一丝不苟的观察（包括积极进行实验）相结合，最终为整个西方世界所广泛接受，在几乎两千年的时间里完好无损。它成为这些文化中积累起来的大量有用知识的灵感来源，是这两千年的时间跨度内出现的巨大科技进步的基础。

现代科学为自然哲学注入了一个全新的因素，并将其置于两个现有基础之上。这就是幻想的因素，不过，人们更熟悉“想象”这一称谓。早期现代科学的巨人，如哥白尼、开普勒、伽利略、牛顿等，以及许多其他现代科学的奠基人，他们的重大贡献是一种思想，即在获取对自然界现实的理解过程中，一个关键的因素是具有对万物怎样相互作用以及怎样随着时间发生变化进行异想天开地思考的能力。一旦想象力被释放，诸如太阳系、重力、以太这些概念便会在自然现象那令人激动的、具有幻觉效应的潜在解释性框架内爆发出来。随着时间的推移，想象推进了科学中的努力，产生了当今的科学环境。在这种科学环境中，基本概念和无媒介的直接感觉之间的关系几乎都被摒弃了。[1]

工业化时代的核心思想也同样简单和具有革命性——事实上，同样具有幻想性。社会经济学界认为，有可能使整个人类有能力超越令人筋疲力尽的为生存而奋争的状态，从而享受物质富足的裨益，拥有健康的身体，享受休闲的乐趣。工业化时代提出了在这个世界上获取美好生活的可能性，即所有人都可以梦想在这个世界上实现自身的内在命运，从而摆脱折磨人的贫困，在大部分人广为接受的此生的命运（“你必须汗流满面才得糊口”[2]）之上，抱有对来生命运更好的期冀。正如人们所预料的那样，人类生存的几乎每个方面取得的科学发展都伴随着大量社会和经济学理论著述的出现，其间只不过是论著数量的增加而已。[3]

令人遗憾的是，理论和实践远远滞后于对前景的幻想。机器过于蠢笨；工业化时代具有讽刺意味的现实是，农业化时代

---

① 对于这些发展的广泛探讨，参见 Daniel Greenberg，*Outline of a New Philosophy*，Framingham，MA：Sudbury Valley School Press，1996。

② 参见《圣经·旧约》，英文原文为“you shall eat bread by the sweat of your brow”（《创世记》，3：19）。——译者注

③ 需要铭记在心的是，现代工业化的基本因素——技术知识以及描述机器能力从而使劳动力和工作产量增加的有形支撑结构——早在远古时代就已存在。所缺失的是下面这种伦理观念，即所有人都应该过上似乎只为那些为数极少的强者和主导者而预备的生活。

大众为了生存所做的抗争只是被大量工业工人同样的抗争所取代。此外，正如我们谈到的那样，工业化时代的需求导致了一种教育体制的设立，这种教育体制提供了辅助工业机器的必要人力。①

这就为 20 世纪后半叶开始出现的后工业化时代留下一项任务：把现代所承诺的前景变成所有人的现实。这种现实只是在现在——21 世纪的初期——才开始掌控大多数人的想象和抱负，并伴随着剧烈混乱的社会政治动荡。但是，它已经弥漫在发达的工业化国家的文化之中。

那么，让我们看看这个时代实际上为其居民提供了什么迄今为止只有少数人才能享受到的东西。我们列举这些特征时，应该注意到它们之间内在的关联。这些特征并非由于某种巧合而出现在历史舞台上的一个独立特征群，而是构成了确定我们时代的一个相互联系的综合体。

**在全球范围内直接获取最新知识的能力**。这种能力不仅来自互联网这一最新发明以及在其影响范围和有用性方面稳步出

---

① 有必要注意到，在工业化的大部分时间里，为有闲精英阶层开展的教育表现出跟大众教育极为不同的形式。比如，应该记住，在许多（如果不是大部分）情况下，精英阶层孩子的教育是在家庭环境中进行的。而对于确实送到学校的这类孩子而言，在学校里所学习的重心总是放在那些不实际的方面、想象的方面，诸如拉丁语、希腊语、古代文学、哲学等内容。

现的诸多改善，还来自其他一些重要因素。

● 出版业的巨大进步，使得书面材料比以往任何时候都更为迅速地扩散、更易获取。

● 音频和视频通信的飞速发展，使得全球范围内个人与个人、群体与群体之间的交流更为简易。

● 快捷且相对廉价的交通方式日益便利，使得面对面的互动前所未有地可行。

● 固定和移动形式的信息贮存和提取能力获得了急剧提高。

只消把当前与半个世纪之前的情况进行比照，这一点就显而易见。以上列举的因素当时基本都不存在，或者充其量只是初露端倪。

**获取任何领域内最佳范型的能力**。思考一下如下事实：20 世纪 20 年代以前，初露头角的音乐家不可能听到世界顶级音乐家的演奏。即便他们住在大都市里，充其量也只能听到为数不多的几位大腕儿的演奏，而且这也只是在极其偶然的情况下才有可能。因此，世界各地出现了众多三流的音乐教师和学生，他们的水平很难提高到卓越的层面上。对比一下今天的情况：手指轻轻一敲，就可以看到最优秀的和最糟糕的音乐家的演奏。再对比一下发达国家的大城小镇里上演的个人和团体的优秀演出的数量。想象一下任何一个其他领域：你可以看到活跃着的最杰出的政治家，可以读到任何地方发表的最出色的演讲，可以看到顶级的网球赛事，可以细读最优秀律师备案的法律诉讼摘要，可以仔细观看最令人崇敬的建筑师所做的三维设计，等等。自我评估的关键在于模型和范型的可接近度，在当今这种情况下，它就向前迈进了一步。人们现在可以以最优秀的人作为尺度衡量自身。

**可在任何地方与其他拥有共同兴趣之人进行互动的能力。**思想从来都不是在真空中发展出来的。每个人都需要另一个人作为衬托来检验自己的思想，与其分享最新的消息，嘲笑最近的蠢事，思索未来，深入地钻研过去。“没有人是一座孤岛，独立存在。”[①] 如今，在发达社会（甚至在其他地方），每个人都拥有支配权，可以在自己所处的地方，与在他处想与自己交

---

① 英国诗人约翰·邓恩（John Donne，1572—1631）说：“没有人是一座孤岛，独立存在。每个人都是大陆的一块，是大地的一部分。如果一小块泥土被海浪卷走，欧洲就少了一点，如同一片海岬少了一些一样；任何人的死亡都是对我的缩小，因为我是处于人类之中；因此不必去知道丧钟为谁而鸣，它就是为你而鸣。”多次参与反对极权主义斗争的美国作家海明威，在引用了这段话之后，将“丧钟为谁而鸣”作为他最伟大的一部作品的名字。约翰·邓恩是文艺复兴时期的著名诗人，开创了“玄学派”诗歌。作品包括爱情诗、讽刺诗、格言诗、宗教诗以及布道文等。他的诗歌节奏有力、语言生动、想象奇特而大胆，常使用莎士比亚式的机智隐喻。邓恩还是伦敦圣保罗大教堂主教，也就是 17 世纪英国最高教职人员。——译者注

流的人沟通。曾经局限于沙龙、研讨会、私人社交晚会及其他社交聚会的活动，如今则以电子的方式对所有希望利用这些活动的人开放。谁能数得清在一个既定时间会有多少个聊天室、发出多少条即时信息呢？

**把新思想、新发明和新艺术创造广而告之的能力**。你突发奇想，有一些令人兴奋的东西要“秀”一下，有首曲子想演奏一下。没问题。把它放在你的网页上（如今已有几十亿个网页，而且每年还会制作几十亿个新网页），在搜索引擎上建立联系，你就可以上路了。制作CD或DVD，出版短期书，在电子论坛上讨论。新事物的传播从来也没有像现在这样便利。一百年前，也许要花数年甚至数十年才能为众人所知（也许永远不会为众人所知）的东西，如今在一刹那间就闪亮登场。不久前，科学新发现要等待着在同行审阅的期刊上发表。不久前（只是在19世纪初期），赛迪·卡诺①的热力学第二定律经受了20年的折磨才让人知道它的存在②，而且赛迪·卡诺关于能量

---

① 赛迪·卡诺（Sadi Carnot，1796—1832），法国物理学家，拉扎尔（Lazare）之子，1824年提出了卡诺循环理论，为热力学第二定律奠定了基础。——译者注

② 他阐发这一理论的文章发表在一份私人刊物上。有好几百本到了巴黎的书商那儿，但一本也没有卖出去。过了一段时间，他自己把这些书全部买下了。

贮存定律的预言也被湮没在他那未发表的笔记里，100 多年都无人知晓！

**接受对于任何文化贡献所做的及时反馈的能力**。不仅能把信息传播出去，还能把信息收回来！顾客评论、读者评论、观众评论等，如今在商业网站上极为常见。反馈以及对反馈的反馈在激增的博客上面已司空见惯。电子邮件提供了及时迅捷的个人回应，不再需要借助公共媒介。所有这一切都是新生事物。人们再也不需要焦急地等待各大媒体或誉或毁的评论，而就连这样毁誉参半的评论，以往大多数的个人观点和创造也无缘得到。这使得创造势头正旺的人们得以维持这一势头，尽管有时直接的批评也会挫伤一个人的锋芒。

**为需要经济资助的企业做出定位和获取资金的能力**。金钱往往是开始人生事业的必需品，但又那么难以获得！从前——并不是很久以前——为一个梦想提供资金会遇到几乎难以逾越的障碍，因为资金的获得都要通过少数政府机构、私人基金组织、赞助公司、企业资本家或投资银行的渠道。政治、艺术、科学和商业通常为紧紧按住钱袋的少数人所控制。同样的资金来源仍然存在，而且仍然在试图对文化施加控制，但是直接交流的新途径已经使得全新的金融资助者的出现成为可能。渐渐地，银行、大公司、主要政治捐助者以及资金雄厚的基金会的束缚必然会一点点地放松。资金不多的资助者聚在一起，凑集资金，将使各个领域的革新者能够向前发展，而不受传统束缚的阻碍。一年又一年，社会正在感受这种现象带来的释放效应。

**使支撑人的梦想并有潜力收获经济回报的体制（一般而言，指商业层面上的）进入或走出主流的能力**。在大部分发达社会中，创办一个企业——包括法人公司、合伙公司、有限公司——要比以往任何时候都更为容易。美国经济体制早已认识到，私人企业提供了一种向前发展的革新机会，而不用考虑不妥当的规章制度。这种思想一直处于美国经济体制的核心地位，而且对大部分发达国家都非常重要。那些不允许私人企业蓬勃发展的国家已经通过痛苦的经历品尝到作为现代世界的一部分所付出的代价。这跟政治理论或政府形式关系不大；私人企业只是社会使个体设定自身目标并努力实现这些目标的强烈愿望合法化的一种方式。

**找到将会支持自己内心召唤的现有职位的能力**。现在比以往任何时候都更容易开创自己的事业，对具有主动性和动力的人尤为如此，这一事实已经在传统职业中引起了重大变化。如今，现有的老板们意识到，要想让企业存活下来，必须能够吸引并留住劳动力队伍中一大批希望留在该企业并感觉自己可以在老板提供的工作中过上有意义生活的员工。有实现自身价值这一强烈愿望的人比以往任何时候都有更好的机会找到合适的职位。

**以适合自身的速度把个人兴趣发挥到自己希望达到的程度的能力**。从以上陈述的原因可以看出，卓越之士可以取得的成就是没有上限的——如果他们希望如此的话。更重要的是，因为通往这种卓越的道路可由个体所决定和控制，考虑到当今可以得到的工具，从一个阶段发展到下一个阶段并不存在预先设定的时间范围。因为人们可以不受外在约束来选择自己的职业使命感，确定自己渴望达到的层次，因此他们也可以自己决定走过这些道路所需要的时间长短。没有人把他们拴在链索上，也没有人拿着棒子催促他们。时间这一因素变得最不相干。我们总是把这种方法用在公认的天才身上，因为我们知道这样的人根本不用敦促。在今天这个让每个人的天分都得以发挥的时代，没有必要盯着钟表监督着每个人。发达社会中人均寿命的增长已经加强了这一趋势。

**一生中从一种活动转向另一种活动的能力**。在我们这个“飞速变革的时代”（该词语近几十年来已经成为陈词滥调），很少有东西是固定不变的。如今，我们终于逐渐地**期盼**着变革，并且当重大的新发展出现时，一点也不会感到吃惊。行业瞬息即逝，公司起伏跌宕，科学突破一夜之间就已过时，重大技术发展以惊人的速度接踵而来。赫拉克利特[①]最终成为最清楚理解这个世界的哲学家，“一切都在变化之中”。不仅仅你今天踏进的河流跟你昨天踏进的河流不一样，今天的 DVD 播放机、今天的汽车、今天的物质理论、今天的医学范例、今天的灵丹妙药，所有这些都与昨日的大不一样，而与明天的也很不同。在一个快速发展的环境中，人们也会在实现自身人生价值的方式上经历变化。如今，我的命运在一套行动之中得到体现。然而，十年后，我同样的内心召唤可能会在一个不同的背景中展现。现代世界文化邀请并欢迎每个人都经历一个无限变化发展的人生。将来，一辈子从事一种职业会是一种例外，而不像现在这样是一种惯例。一个人一辈子可能只有一种称呼，比如教授、总经理、医生，但这个人在一生中不会只以一种方式实现自己的内心召唤。

总体而言，这些特点完全消除了使大部分人进入狭隘活动范围的任何可察觉到的必然性。而在从前，这些必然性确定了人们在社会上可以从事的全部活动范畴。

如今，活动的范围在内容和地域上都是无限延伸的。可预

---

① 赫拉克利特（Heraclitus，535—475B. C.），古希腊唯物主义哲学家，辩证法奠基人之一，认为“火”是万物的本原，一切都在变化之中，“人不能两次踏进同一条河流”。——译者注

测性不见了。500 年前，无限的人类想象力被认为是人类知识发展的先决条件；现如今，想象力对所有来者都打开了大门。

信息时代为每个人都呈现了新的历史性的机遇。正如我们将要看到的那样，教育现在有可能转回到其最原本的意义上：在大文化背景之下为每个人发现有意义的生活。此外，如今，大文化在人类历史上第一次成为全球文化，为变化性、创造力和多样性提供了前所未有的机遇。

发达社会的环境也可能为个体的实现设置障碍，因为它在对待社会不同群体时采取了不同的方式。比如，生活在城市贫民区或乡下的人与生活在更富有环境中的人相比，个体实现的机会往往大为不同。教育应该注意利用机遇，同样也应关注克服障碍。因此，教育的一个主要作用应该是使那些最受阻碍者克服障碍，同时还要揭示社会应该如何变革才能摒弃这类障碍。

在许多情况下，对于理性思维依赖的增加有害无益。理性被认为是思维的绝对特性，而非相对特性。举例来说，20 世纪下半叶的许多年间，福特基金会试图降低印度的人口出生率。它认识到，只要人口出生率超过国民经济的增长率，那么贫困率必定会上升。这一观点非常正确。然而，它控制人口出生率的措施却一败涂地。基金会的管理者认为这是由于印度人的非理性造成的，“难道他们不明白，出生率降不下来正是导致贫困日益滋生的祸首吗?”

他们没有意识到，从印度人的家庭观念来看，他们的出生率是理性的。印度没有任何形式的社会保障，对大部分男子而言，他们面对的可能是在三十七八岁以后要经历长时间（大约 20 年）的失业状态，这是因为人的寿命越来越长，而且待业男子的人数要比就业的人数多。要是不靠孩子们养活，他们就无法生存。结果，大部分印度家庭要有足够的男性劳动力赡养不工作的父母。考虑到印度人的期望值及其环境，他们完全是理性的，不理性的是福特基金会。

工业化时代不仅“产生了在这个地球上获得美好生活的可能性”，而且还极大地提高了人均寿命。人均寿命从中世纪的大约 27 岁提高到目前的 70 多岁。当人均寿命只有 27 岁，而且这些岁月通常都是在极其悲惨的境况中度过时，人们的关注焦点自然就在“来生”上。一个在天堂里无限延伸的终极来生比此时此地的悲惨生活得到了更多的关注。人均寿命的提高则把这一关注焦点转向了此时此地，而这一点有助于科学的发展。

我们这个时代呈现出来的许多优势在其内部同时蕴涵着

相关劣势的种子。避免劣势就成了有待解决的一个问题。比方说，诚然，人们今天要比历史上的任何时候都能更便利地获取信息和知识，相关信息比过去更容易得到。然而，那些必须进行决策的人有时却因过多的不相关信息而受到阻碍。由于这些信息的存在，他们很难把相关信息遴选出来。

进一步说来，专家们提供的所谓的知识经常被用来操纵人们，得益者是操纵人。[①] 而且，可以获取任何领域的最优秀范型的能力会产生一时的狂热和包治百病的灵丹妙药，这些东西被到处使用，却毫无作用。

与具有共同兴趣的人相互沟通的能力当然是我们这个时代日趋增加的优势。然而，这种状态同时也增加了与具有对立兴趣和价值观之人相互沟通的能力。这是增加还是减少了冲突呢？只有沟通各方存有相互协调的目标时，日益增加的沟通才有价值。通常，战争中敌对双方互相了解的信息越多、越准确，他们给对方造成的伤害就越大。在这种情况下，更好的沟通意味着更糟糕的后果。

当然，现代技术使得更快更多地获取对某人思想的评论

① 比如，参见 Morris E. Chafetz，*Big Fat Liars：How Politicians，Corporations and the Media Use Science and Statistics to Manipulate the Public*，Nashville：Nelson Current，2005。

成为可能。然而，这并不总是一件好事。使用当前技术传输的评论质量尚待改进之处还有很多。当然，评论质量依赖于其来源的质量。在许多情况下，评论的受众是得不到这一关键信息的。

尽管资金来源比以往更多，但是想得到资金的人也愈来愈多。有这么多资助基金，开设新企业或其他类型的项目都会更加容易。然而，大多数企业都熬不过第一年，而确实熬过头一年的企业，平均寿命也超不过 15 年。维持企业的能力在当前的环境中并不总是得到了提高。

日益提高的更换工作的能力面对着实际更换工作的屏障。比如，换工作有可能会损失健康福利或养老金。老板们已经找到办法（比如股票期权）钳制“好”员工。教育体制不鼓励人们具有经常批评老板的勇气，也不鼓励人们具有在新的工作环境中从头开始的意愿。总体而言，教育体制产生的是寻求保稳者，而非促进变革者。

能否利用当今更换工作的便利性，关键取决于跳槽者是否具备能力，能够在新的工作环境中很快了解获取成功的必要条件。他们知道多少东西远不如他们可以多快地学习并付诸行动来得重要。

# 第八章　自由民主环境对于个体实现提出的特殊要求

如果儿童教育和研究能适合其内心召唤和能力，他们中的许多人会成为社会的有用之才。否则，在社会中，他们将会无足轻重。

——塞缪尔·理查逊①

把教育视为个体实现自身命运的终生道路，这一观点乍一看像是自私的人性观，它甚至可能牺牲别人以获取个人满足感。这种结论大错特错，原因很简单：正像人类——每个人、

① 塞缪尔·理查逊（Samuel Richardson，1689—1761），英国小说家，其书信体小说《帕美勒》、《克拉丽莎》和《查尔斯·葛兰迪森爵士》对18世纪西欧文学影响深远，《帕美勒》被称为英国第一部小说。——译者注

所有人——生来就有过有意义生活的内在愿望一样，他们也生来就有与他人联系的内在愿望。从本质上讲，人类是社会动物。因此，为每个人的生活创造一个令人满意的社会位置与创造一个有目的的存在同样重要。因而教育也就具有另外一个维度，即学会开发个人与其寓居的社会之间的关系。因此，尽管 21 世纪发达社会的经济结构实际上允许绝大多数个体拥有无限的机会体验人生，但是周围文化的社会现实有可能为其成员的活动设置限制或提出要求。

个体与其生活于其中的社会之间总是存在着张力。人们生来就带有一种强烈的愿望，即想要找到自己在世界上的独一无二的位置。同时，他们生来还带有一种强烈的社交本能，这种本能使得他们想要寻找他人并与他人产生联系和建立友谊。

人类创造复杂语言——这种技能要远远优于其他动物——的内在能力本身就是人们需要相互交流的终极表述。语言的一个重要目的是使人们相互交流思想。孩子们从最小的时候起就试图用语言表达思想，从而使自身融入周围的社会群体之中。但是，语言既是孩子和成人作为个体轻叩他人思想而从中获益的工具，也是个体之外的世界表达对个体的需求和束缚的手段。语言是把双刃剑，既是每个人终生发展的无价帮手，也是社会对每位成员施加控制的工具。①

在人类历史的大部分时期，农业社会采用的是以统治阶级高压统治为基础的等级制社会结构。（古代民主社会也是如此，比如在雅典社会中，统治阶级只是比通常的统治阶级范围大一些，但他们仍是整个社会中的少数人，剩下的是妇女、奴隶和儿童。）在这种环境里，给予每个人的行动自由取决于其在权力结构中的位置或者个体与权力结构成员的个人关系。对于除了精英之外的所有人而言，限制其追求个人生活目标的自由是常规而非例外。大多数人放弃了自己年轻时的梦想和抱负。对他们而言，真正意义上的教育是一种不切实际的幻想，取而代之的是为了生存需求而被迫学习具体技能。无论是做奴隶被捆在土地上耕作，还是被征兵作战，还是被迫做苦役，这些人的个性都被淹没在社会控制者的要求之中。

近500年来，一个新的社会组织概念慢慢浮现出来。这一概念受到英国创造和发展的政府模式的启发，它一直被赋予“自由民主”这一通名，其确定性意义一直（而且继续）在演变。

---

① 关于儿童语言发展及其在社会互动中的作用的详细论述，参见 Daniel Greenberg，“Children and Grown-ups：An Essay on Human Behavior，” in *Worlds in Creation*，Framingham，MA：Sudbury Valley School Press，1994，pp. 75 - 204。

正如我们看到的那样，有三个哲学概念位居自由民主思想的核心。第一个概念是，所有社会成员都具有同样的作为人的内在价值，包含在“人生来都是平等的”这一口号之中。这一概念要求平等尊重所有成员的生活和抱负，前提是它们必须在社会所确定的可允许行为限度之内。这是对任何基础之上的不加歧视的最终表述。

第二个概念是，社会确定其规章制度和可允许行为限度的唯一合法方式是，允许所有的人平等参与决策过程这一机制。这一决策确定了这样的规则：“被管辖者同意的政体”①；“民有、民治、民享的政体”②。

第三个概念是，有些个体行为范畴是不受社会控制所约束的，它们本质上不能受到社会规则的干预，即“不可剥夺的权利”。

因此，自由民主围绕个体和社会之间的张力微妙地上下摆动，在日益变化的平等界限、社会自治和个体权利中迂回前进。这三个基本概念之间互动的复杂性构成了自由民主演变的

① 《美国独立宣言》名句。——译者注

② 林肯总统1863年在宾夕法尼亚州的自治镇葛底斯堡所做的《葛底斯堡演说》中作为结束语的名言“government of the people，by the people，and for the people，shall not perish from the earth”（使这个民有、民治、民享的政体永世长存）。——译者注

框架以及人类继续与时俱进的场景。①

自由民主值得关注的一个方面是，可以把它视为被赋予的个体权利与社会限制相统一的唯一方法，因为它以赋予权利的基本原则作为这些限制的基础，这一点非常独特。

从历史的视角来看，值得注意的是，自由民主作为一种切实可行的社会制度，其观念方面的支撑首先时断时续地形成于英国这一典型的等级制社会，它和与其同时代的其他国家毫无区别。后来，这一概念在18世纪的法国得到阐述，这个国家也许是一个较为极端的社会个例——其社会结构与自由民主结构恰好相反。然而，只有在北美洲那种奇异独特的实验在美国革命中得以表述以及在美国的开国者②进行的政治创造之后，自由民主的固定形式才得以确定。显然，只有这样一个被大洋隔开所有地理和社会根源的文化才可以想象由自己去承担一项任务，在现有的组建元素中进行挑选，创建一个全新的社会政

---

① 在此意义上，观察家如弗朗西斯·福山在《历史的终点和最后的人》(*The End of History and the Last Man*, New York: Avon, 1993) 和纳坦·沙兰斯基在《民主的情形》(*The Case for Democracy*, New York: Public Affairs, 2004) 的讨论中认为，自由民主是人类发展的最终社会组织，没有什么东西能超越它而存在。结果证明这种论点不够充分。自由民主本身在永无止境地发展，因为其基础是不断交织在一起的更微妙、设计更精细的三条线。

② 开国者（Founding Fathers），尤指1787年美国联邦宪法的签名者。——译者注

治环境，创造一种独特的体制，并把这些内容组合成连贯统一的整体。

因此，自由民主中的教育关系到人们如何找到办法，实现自己在上述三个概念所确定的社会背景中独一无二的命运。人们必须自己去了解，在这样一个保护神圣权利的背景里，如何在完全尊重他人并与自己作为其中一分子参与确定的规章制度保持一致的前提下实现个人的目标。

如何做到这一点呢？最直接的方式是浸入其中以及在此过程中体验不断出现的人生经历。如何把个人的抱负融入生活其中的社会之中，最容易的办法是浸入到自由民主的社会政治环境中，并在其中长大成人。

如果不能做到浸入其中，便很难在这两个意义（个体和社会）上受到教育，这种例子不胜枚举。因此，全球通信和信息传输在全世界突如其来地出现，使许多社会一下子从中世纪跳跃到了 21 世纪。[①] 人们在自己希冀的生活中做出的习惯性选择往往与当今面对的各种令人眼花缭乱的新选择产生冲突，这必

---

① 我认为，在诸如赤道地带的非洲、中东和东南亚大部分地区、西伯利亚内陆地区以及遥远的大洋岛屿等地，情况跟中世纪的欧洲极为相似。这是因为，这里的人们已经与外界文化有所接触，不像某些偏远的丛林部落那样与世隔绝，然而他们却没有每天受到与其本族文化格格不入的大量信息的冲击。

然会产生诸多个人生活的变化、社会的动荡以及普遍存在的不安全感和无根感。这些社会自身的文化似乎受到了冲击，而且其中的每位成员必然要经受深刻的内心冲突。这种冲突要求他们做出选择，要么不惜任何代价死守传统文化，要么放弃传统文化，欢迎那些在外边冲他们频频招手而迄今为止尚不知为何物的各种新机会。

照此看来，这些社会从具有悠久历史的等级制社会制度一下子跳跃到推崇自由民主的世界，必然会面对巨大的内在压力，这些压力源于它们对这个新的社会秩序的哲学原则缺乏应有的经验。

在那些被文化全球化的历史力量从过去一下子猛拽到现在的社会里，个体教育对该社会的每位成员——儿童或成人——都是一种蕴涵巨大挑战的过程。我们这些生活在美国或类似的西方文化中的人几乎不可能想象在这些异域环境中是如何进行教育的。

相较而言，通过浸入来相对容易地获得教育，这是生活在我们这个国家的人享有的福分，不用我们自己费力。我们周围的生活每天都在提醒我们个体拥有大量的机会，因此就没必要过分地费神耗力去发现它们。同样，我们生活在一个被自豪地定义为“自由的摇篮”的自由民主体制中，并且把我们的社会政治环境赋予我们的权利和义务视为理所当然。

因此，在思考我们国家的教育时，必须考虑到教育的社会环境和浸入其中的现实状况。我们在思索现行社会秩序的可行性时，如果忽略浸入在自由民主环境中的价值，那将是不现实的，也不具有成效。而且，认为在自由民主中把个体置于严格的专制环境里对提高其生活质量或整个社会的质量极有价值，这种观念会产生严重的不良后果。

语言并不仅限于传递思想，它还传达感情、态度、意见等。没有语言传递不了的心理内容。

任何一种语言都有许多不同的版本，在发音、语法和词汇方面存在差异。本质上，这些内容大体上是——而且将继续是——区域性的。不过，收音机和电视对于在全国范围内规范语言产生了重要影响。地方口音随着时间的流逝而渐渐消失。然而，有些少数民族倾向于保留自己的语言，这可能会对那些寻求在社会上有所发展的人产生极大的阻碍。这种情况也适用于那些把本族语言作为主要交流语言的移民及其后代。

教育若是要为移民、少数民族及其后代提供在社会上发展的平等机会，就必须使他们能够使用主流语言讲话和写作。教育不应该阻挡他们拥有并使用第二语言。应该认识到，如果在一个国家里存在一种共同语言，即便这种语言不是每个人的本族语，也会极大地提高这个国家的公民地位。

知道常用词语意义的重要性，这一点再强调也不过分。比如，一个人对民主所下的定义有可能会对其政治观点产生重大影响。下面是我对民主所做的界定，跟上文给出的定义非常相似，只是使用不同词语表达同样一种东西而已，但这可能有助于增进我们对该词的理解。我也使用了三个条件对它进行定义：

1. 一个社会群体中的每个人若有可能受到该群体所做决定的影响，他就可以直接或通过代表间接地参与该决定的决策过程。如果因为某种原因，某人不能参与做出这类决定的代表选举，那么必须通过该群体认可的形式替他选出代表。

现实中存在一些特殊情况（比如，精神病患者、儿童、未出生者以及服刑者）。一个民主的社会也必须保证代表这些人的合法权益。合法权益指的是履行该权益不会剥夺其他人履行自己合法权益的能力。当那些受到影响者（比如未出生者）的权益尚不明确时，对于有可能会影响到他们的决策，应该尽可能地留有回旋余地。

2. 任何手握重权者都应该服从集体的权威。在民主制社会中，全体选民是最终权威的来源。这意味着，在民主社会中，权威是环形的，而非线形的（自上而下）。

民主社会中的许多组织，包括公司、学校、医院、监狱、政府机构等，都是专制地而非民主地进行管理的。[①] 民主制中的公民应该意识到并清楚这一显而易见的矛盾。大多数学校受到专制式的管理，这一事实剥夺了学生从经验中了解民主的权利。因此，他们对参与民主社会或组织毫无准备。

有人认为民主应该是受教育者专享的。这种观点是错误的。不让人体验民主，又如何能使人受到民主的教育呢？教学过程应该提供这种体验。

我们的国家声称接受"人生来都是平等的"这一说法。但是，起草《独立宣言》的人说这句话时，跟我们今天的意思并不一样，认识到这一点非常重要。妇女和黑人最初被排斥在外，那些无土地者也没有被给予发表意见的权利。如今

---

① 进行民主管理的机构被称为"非同寻常的组织"。参见 www. extraodinaryorganizations. com。从一个略微不同的视角来看，它们被贴上了"浑序组织"的标签。参见 Dee Hock，*Birth of the Chaordic Age*，Berrett-Koehler，1999。

我们的民主已经变得更具包容性，但是如果认为现在机会已得到了平均分配的话，那将是一个可怕的错误。我们仍然有很长的路要走。

遗憾的是，“人生来都是平等的”并非指其字面意义，因为这显然是不真实的。我们出生时，并不都具有同样的身体能力和心智能力。这句话的真正意思是，不管人出生时存在怎样的差异，所有的人都应该享有平等的机会。人们怎样利用这些机会反映出了人与人之间的差异。

换句话说，理想的情况下，后代的社会财产和经济财产不应该与父母的财产关联在一起。比如，贫困、隔离、无知不应该是遗传的特征。

3. 在民主制中，只要不对他人产生不利的影响，任何人都可以做他想做的任何事情。如果影响到了别人，那么就应该得到被影响者的同意。我们的社会离达到这一状况还相去甚远。宗教热情通常刺激立法，这些立法力图控制人们私下的行为，并不影响到他人。

浸入确实是促进提供平等机会这一承诺得以实现的最佳方法。第二次世界大战期间，我被派到澳大利亚的后备军官学校。我到达后，被分到一个可住六人的帐篷里。我搬进去时，那个帐篷才住进去一个人。在我之后住进来的是两位黑人军官。这对已经住在帐篷里的我们两个来说是无所谓的。我们把他们视为平等的人，跟他们打招呼。但是，接下来搬进来的两位是南方白人。他们站在帐篷门口向里张望，看到那两个黑人，便转身去找分配帐篷的上尉，要他重新分配。上尉问他们原因，他们如实讲了。上尉说他们有两种选择：要么接受分配，要么离开学校。两人接受了，住在分给他们的帐篷里。帐篷里的关系最初十分冷淡，但后来慢慢缓和了。大约两个月之后，他们闲暇时间就在一起度过了，甚至带各自的女友相偕出游。他们经历了完全的转变。是浸入使他们发生了变化。

在我搬到费城中心之前，我跟公开身份的同性恋者接触很少。我们在城里的房子是围绕一个小院子建起来的三幢房子之一，由大门跟街道隔开。我们隔壁住着两位男性同性恋者，两人都是高中教师。他们是我们遇见过的最友好、最乐于助人的邻居。我们成了亲密的朋友。他们的性取向和我们毫不相干。

因此，浸入改变了人的态度。学校不仅有机会倡导对那些跟我们“不一样”的人持宽容态度，还要倡导我们完全接受他们。

# 第九章　个体对自身教育做出的贡献

人是内生的，教育是其外在的表现。跟我们内心发现的自然相比，我们从别处得来的帮助是机械的。因此，在学习过程中，从前者学到的东西令人愉悦，而且效果长存。

——拉尔夫·沃尔多·爱默生①

教育是探索那些赋予我们生命意义的活动的终生过程。鉴于在我们这样的国家，教育发生在自由民主的社会背景下，问

① 拉尔夫·沃尔多·爱默生（Ralph Waldo Emerson，1803—1882），美国思想家、散文家、诗人，美国超验主义运动的主要代表人物，强调人的价值，提倡个性绝对自由和社会改革，著有《论自然》、诗作《诗集》和《五月节》等。——译者注

题就出现了：人类在本性上拥有什么样的工具使其能够进行这一过程？

亚里士多德在他的开拓性著述《形而上学》（更准确的译名是《自然哲学基础》）的开篇提出了回答这一问题的出发点。他只是讲了这样一句话："人类在本性上是好奇的。"他把好奇心作为自己探索宇宙意义的基石，这是他本人生活的主要特征，也是所有人的鲜明特点。好奇心被理解为一种积极的力量，总是在发挥作用，驱使个体在从生到死的日常生活中不断行动。

观察过婴儿的人总是不能不注意到他们那种强烈的好奇心。婴儿充满热情地观察和理解周围的世界，想弄明白如何在这个世界里活动，并学会尽可能多地控制这个世界，从而对自身有利。这一特性从未离开过人类精神。儿童"探究万物"，少年的问题永无休止，青年人越轨去冒险尝试，成年人摆弄、发明，总是寻求新的体验，这些形象是所有人的原型。这表明了一个简单的事实：没有必要"刺激"人身上的好奇心。要是有什么事情需要做的话，这个社会最难以完成的一项任务就是对那些约束群体成员发挥好奇心的限度做出界定。使好奇心这一神怪不完全失控，成为那些管理社会运行的机构所主要关注的方面。

好奇心使个体处于运动之中，总是寻求变革和创新。但是，好奇心并不为运动提供方向，也不包含维持运动的技巧。使得我们产生行为趋向的关键因素是性格，其存在自远古时代便已得到认可。然而，尽管无数伟大的思想家对其进行了专门研究，它仍然是世界上最大的奥秘之一。

我们想当然地认为每个个体都具有独一无二的性格。正是性格才诠释了我们的感情、克服挑战的决心、与他人的互动以及我们每时每刻乃至一生中的诸多选择。几乎从孩子生下来的那一刻起，每位父母就能看出每个新生儿个性的独特性。这表现在他们挪动、吃奶、瞅看、倾听、哭喊、睡觉的样子以及展现其存在的其他每个方面。我们频繁地听到有人这样说小孩："我真不知道这孩子从哪里来的！他/她简直不像我们。"在同样的家庭环境中长大、上同一所学校、住在同一座城市里、有共同朋友的成年人，结果总是拥有独一无二、本质上极为不同的个性。

性格因素（把它们单独分类，不考虑其固有的内在关系）为个人教育提供了具体的工具。这里有几个例子，主要针对孩子们，但也同样适用于成人。

**激情**提供了热情——能量，从而积极地识别目标和追求目标。没有哪个孩子不具备做某件事的强烈愿望，比如一次又一次地玩一个游戏、收集贝壳、攀爬视野范围内的任何物品、听别人读书、自己读书、看动画片、在树林里探险、做白日梦。花样儿无穷无尽，但共同点都是跟着激情走的决心，而很少考虑花费的时间或消耗的气力。

**决心**提供了坚持到底的耐力，而不讲代价或不惧障碍。学习爬行的婴儿就是这一性格特征的原型。爬行的身体过程涉及肌肉、神经纤维、关节以及视觉和触觉的输入，这些方面必须充分协调，才可以在爬行中获得必要的推动力。想到以上所有这些，真是很难弄明白孩子是如何在上述这些肌体功能对其而言尚属全新的年龄阶段就能完成这一任务的。（比较一下，想想我们这些成年人学习滑雪或者操作反铲挖土机有多么难啊！）几乎每个孩子都费劲地学习爬行，有的孩子要好几天，有的要好几个星期，大多数要好几个月。目标是内在动力，这会赋予孩子拥抱环境、探索环境、接触他们渴望的物体的能力。尽管一次又一次，爬得不好，时常还会出现明显的失败（往后爬，而非像期望的那样向前爬，翻滚、摔倒等），尽管花费了无数个小时进行令人疲惫的尝试，尽管目标往往还遥不可及，但每个孩子都表现出了志在必得的决心**这一特征**。童年早期，孩子学走路，学说话，学着用手抓东西吃，学着控制大小便，学着跟大人和同伴保持成功的社会交往，在个体的幼年时期，我们到处都可以看到类似的例子。

**自信**提供了一个内在的稳定控制，使人们确信自己为实现个体目标所做的努力是值得的，而且有极大的成功机会。预期的目标没有实现，就必须发现和追索新的激情，这时，自信心也激励人们重新开始。缺乏自信的人会觉得日常生存的奋争徒劳无益，不值得努力。可以说，自信就是生活的火花。

声称每个孩子——每个人——都表现出自信的性格特征，这话听起来似乎很奇怪。经常听到的一个似乎无处不在的抱怨就是，父母培养得不好，学校水平不高，政局不稳定，生活条件差，这些都削弱并破坏了人们的自信，从而导致普遍的绝望。这种抱怨没抓住要领。它只不过表明了这一特性狭隘的一面，即如果过上被这个文化的自封舆论制造者普遍认同的生活就是成功的。因此，觉得“我具备成为一名成功科学家应有的素质”的孩子被认为是在表现自信，与觉得“我做什么事都不会成功”的孩子恰好相反。

但是，这是狭隘的自信观。更广义、更深刻的**自信观**是，正如普遍的事实所揭示的那样，自信代表着“不管我的人生经历多么糟糕，我都有能力继续活下去”这种感觉。它使奴隶能够熬到明天，使集中营里的人有勇气面对折磨他们的人①，使失业工人能够思考以后要做什么。它使所有绝望者能够继续活下去，内心坚信自己可能会过上说得过去的生活，他们的存在可能不会是徒劳。

好奇心和性格为每个人的教育提供了关键的内在工具。此外，还有很多其他的工具，其中一个是**分析和解决问题的能力**。学爬行的婴儿可以让人最容易理解此话的意思。起初，婴儿随意地挪动，胳膊和腿乱动，想向这边爬，又往那边爬，结果还是在原地。过了一段时间，胳膊和腿变得协调一些了，出现了进步。有时候，孩子可能朝与往常很不一样的方向爬动，跟他平日习惯的方向相反。最初，会出现混乱。他会进行更多的尝试，有些令人满意，孩子逐渐爬向自己期待的方向，有些却不让人满意。这时候，孩子开始明白：**这里有问题。问题的概念**出现了，即意识到我想做这件事，但却发生了另一件事，**这就是一个问题！**一旦认识到这一点，接下来的问题便是：问题的本质究竟是什么？我如何解决这一问题？

当然，我们这里谈论的是还不会讲话的孩子，他们显然说

① 第二次世界大战期间，在纳粹集中营里的犹太人中间经常听到的一个口号是**“生存”**（ueberleben）这个词，意为“挨到明天”。

不出我刚刚列出的那些要点。但是，他们的行为方式却在表明，无论是以哪种方式，这些思想过程实实在在地发生了。进一步而言，孩子最终弄明白怎样才能爬好这一事实表明，孩子身上具备解决问题的能力。而且，这种能力被证明是任何年龄段的人都具有的特点。[①]

直白地讲，再也没有必要教人“解决问题”，正像没有必要教人呼吸一样。每个人都会发展出自己解决问题的方法，而且是很自然地做到了。但这并不意味着我们任何时候都不需要向那些可以帮助我们的人求助。寻求帮助本身就是一种解决问题的本领。你很快就会看到，这也是人类所独有的天赋。

另外一个值得注意的内在工具是**思考的能力**。“我思故我在”，对笛卡尔而言，这个工具是人类存在的本质。尽管我们的许多行为是由于习惯性行为引起的，但大体而言，我们会遇到我们必须考虑、沉思并融入我们对世界永恒发展的理解之中的情景，而我们的生活就是由这些情景组成的。

---

① 我们所有的人生来就带有解决自己所面临的问题的能力，而且在一生中能够发展出更为复杂、高级的技能，从而帮助我们解决问题。这一事实并不与仁人志士发现并检验的许多有用方法相矛盾，这些方法可以提高解决问题的成功率。本书前面部分对此已有涉及。在拉塞尔·阿克夫《解决问题的艺术》（*The Art of Problem Solving*，New York：John Wiley and Sons，1978）中，可以看到对这一话题特别有用（且有趣）的论述。

思考使情感、审美和智力方面的成分完全显现出来。实际上，在我们生活中的分分秒秒，这些成分都在发挥作用。思考不仅出现在显而易见的时候。当我们看到美丽的落日时，当我们读书时，当我们做白日梦或“走到圈外”时，当我们搞不明白生活的意义时，当我们想弄清宇宙的起源时，当我们遇到陌生人或碰到老相识时，思考都会出现。在我们清醒时，它紧随我们；在我们睡觉时，它进入我们的梦乡。

通过思考，我们形成、检验、完善、扭转、改变、有时抵制和重构我们的个体**世界观**。思考是使我们能够作为完整的个体而存在的能力，把每时每刻冲击我们感官的无数信息中的那些多余物过滤出来，从而琢磨那些我们希望关注的东西，然后赋予其相关性。思考的运作方式可以在婴儿身上看到，他们的眼睛慢慢地学会了去看对他们有意义的图案，他们的双手不断地舞动，从而对物质世界的结构形成心理影像，他们的耳朵尽力区分刺耳的声音与和谐的声音。每个人在每一个人生时期都在积极地思考自己的生活和世界。①

① 然而，我们听到教育者无休止地呼吁，说必须得在学校里“教孩子如何进行思考”。这具有一种特别——结果证明是阴险——的意义。它适用于一种被称为“理性思维”的具体心理分析形式。这种形式是古希腊人在几百年的哲学探索中创造出来的，亚里士多德赋予其最终的含义，被西方文化拥戴为可以应用于现实的唯一合法思想形式。“理性一些”这一词语已经成为“按人类

也许人天生拥有的最有力的工具就是**交流的能力**。（说这是所有人生来固有的本领，并不是在否认其他动物身上也具备这种能力。）这一能力在人类身上得到了高度发展，它拥有多种互动，包括通过身体语言、语调和身体接触进行的各种各样的直接视觉交流和情感交流以及更为复杂和丰富的语言形式。

语言的起源在于大脑具有通过符号来表现心理影像的能力。这些符号及其背后的思想之间关联的本质极为神秘，也是

---

应该采用的思考方式去思考”的同义词。其对立面“你不理性”是用以剥夺他人参与讨论的合法性的一个贬义词。

然而，在希腊人之前进行思考的人早已走上了历史舞台，而且他们一直处于希腊逻辑分析的结构框架之外，进行思考并形成世界观。这一点在当今整个世界已形成广泛共识。在西方，承认这一事实的人过去被精英知识分子边缘化了。直到20世纪中期，这一局面才有所扭转，因为当时西方出现了一场强有力的运动，要把非理性思维方式融入西方主流思潮之中。有必要认识到理性思潮及其用途的局限性本质。当人们意识到“如何思考”这一概念要比“如何理性地思考”这一概念宽泛得多、丰富得多而且有用得多，是所有人与生俱来的一种内在的过程时，把一种思维方式强加在所有孩子身上的必要性就被彻底瓦解了。换言之，如果教育家突然决定，所有教育的一个本质特点是确保孩子知道如何像神秘主义者那样思考的话，想想这会引起怎样的轩然大波吧！东方宗教和哲学方法论以及犹太教神秘哲学将会成为灌输到每个孩子身上的强制性课程，每门功课都要添上它的一些色彩。这样做荒唐吗？当然啦。任何企图把某一种思考形式强加在每个人身上，作为所有人思考的基本合法方式的其他类似做法，都是这么荒唐。

许多不同学科广泛研究的话题。[①] 更加难以理解的是，在人与人的基础之上，在社区、社交圈子、国家、语言群体或多文化背景的更宽广范围内，不同人赋予对方语言符号意义的方式。我们把这些符号称为词语，包含书面语言、口头语言和符号语言。不管语言凭借何种机制成为一种共有体验，事实是：语言为个体终身教育过程提供的关键益处在于，语言能够将个体**与他人的思维和学习联系起来从而极大地丰富自己思考和学习的能力**。在真正意义上，语言可能把整个人类的心理资源添加到个体自身的心理资源上，从而极大地拓展个人的大脑能力，进而形成个体生活的意义。

自从人类出现以来，这一事实就确实存在。随着新型语言交流符号的发展，语言潜力的提升在日益高级的思想体系、社会组织、经济生产力、丰富的文化生活方式的发展之中愈发彰显出来。发明文字、字母、活字印刷，纸的大批量生产、快捷的印刷方式、陆地通信电子信息传输、无线电子通信、音频和视频通信、有形媒体移动信息存储，每一步都使人们通过自身固有的交流技能极大地提高了自我教育的能力。

---

① 参见“Children and Grown-ups：An Essay on Human Behavior，” in *Worlds in Creation*，Framingham，MA：Sudbury Valley School Press，1994，pp. 75－204。

上文谈到，网络空间的最新发展使得人际交流的内在潜力成为现实。然而，在人类出现的最初时期，人们就有与其他成员交流的内在能力。如今，这一能力已经被转化成与世界上的任何人沟通的实际能力，只是这一点尚未被意识到。我们拥有的最终学习工具——与别人交流，从而极大地拓展我们的受教育机会——正在不断趋近其最大潜能，从而在它自身视阈内与全人类沟通。

我赞同“人类在本性上是好奇的”这一说法。但是，好奇心可能会受到外在因素的抑制。在中世纪，由于多种原因，好奇心受到了严重的压制，主要原因是那时人均寿命只有大约 27 岁。很多孩子活不过婴儿期，更甭提童年期了。即使活下来的人也生活在贫困之中，从来没有迈出过他们出生时的小天地。天灾和瘟疫极为常见。在这样的状况下，许多人自然会发问：“生活究竟是为了什么？”当时，在欧洲，天主教会是唯一产生重要影响的机构，它提供的答案是：为来生做准备。来生是在天堂里，可以永远地延续下去。要想进入天堂，此生必须按照天主教会的戒律生活。这就使人不那么关注此生，而是把注意力集中在即将到来的来生之上。

十字军东征[①]和国际贸易及全球探险的开始，使得社会受到外界的影响，人们的好奇心被激起并得以复苏。然而，时至今日，对好奇心的压制仍然以微妙的形式存在着。

① 十字军东征（The Crusades），是在 1095—1291 年间发动的九次宗教性军事运动的总称，是由西欧基督教（天主教）国家对地中海东岸的国度发动的战争，目的是从伊斯兰教徒手中夺回圣地（The Holy Land）耶路撒冷，历时近 200 年。东征时期，教会授予每位战士十字架，组成的军队因而被称为十字军。十字军东征对中世纪的欧洲产生了重大影响。——译者注

# 第十章　艺术的位置

塑造孩子的过程中，最美丽的东西是他犯的“错误”。孩子作品中的这些个性错误越多，他的作品就越棒。教师把孩子作品中的错误弄走得越多，其作品就变得越乏味、越孤寂、越无个性。

——弗朗茨·奇泽克①

迈克尔·格林伯格发表过以下观点：

---

① 弗朗茨·奇泽克（Franz Cizek，1865—1946），奥地利美术教育家，首创自由画教学法，主张尊重儿童的个性，持以儿童为本位的美术教育理念，着重培养儿童强烈的创造力以及表现力。奇泽克在长期指导儿童作画的过程中，发现儿童绘画有一种特性，即他们不是把看到的实物画出来，而是把心中的印象、记忆、思想作为一种率直的表现。基于此种认识，他在指导儿童绘画的过程中从不做示范，也不教画的方法，只是在引导完画题之后给予儿童多方的鼓励，让他们拥有更多、更自由的表现空间。这样做的意旨是除掉成人加诸儿童的一切限制。他认为，美术教育不是重在成人的画法，而是为了助长儿童自身个性的表现，给予儿童对自身成长的帮助，使之发展，使之成长。——译者注

> 不管来自何种文化背景，每个人都要做三种活动。这三种活动是：制作音乐、装饰、交谈。这三样东西好像是在本质上嵌入人的大脑的硬件，似乎在每个群体中都出现过，无论这一群体是大还是小。事实上，不管群体多么小，人们都会创造自己的语言。大家都有装饰自己瓷器或身体或其他东西的具体方法。什么能装饰，他们就装饰什么。大家都有出自自身体验的某种音乐。在我看来，这表明这三种表达方式——似乎可以说是——几乎不请自来地从人的大脑里蹦出来。它们是我们的一部分。①

上文蕴涵了对教育具有特别意义的真知灼见。坦白说，我几年前才真正意识到其意旨。要不是几年前发生的一件奇特的事，我恐怕到现在也不能真正欣赏到这话有多么深刻。2000年的春天，我在安达信公司②资助的“21世纪的学习”（最后一次）国际会议上做了发言。当时，这家公司还享有卓越审计师

---

① “The Magic of Conversation”（*Sudbury Valley School Journal*，June 2001）；reprinted in Michael Greenberg，*The View from Inside*（Framingham，MA：The Sudbury Valley School Press，2002），p. 23.

② 安达信公司（Arthur Andersen），总部位于美国，是一家专业咨询服务公司。它拥有10 000多名咨询师，在Teleos与KnowNetwork合作开展的“2000年最受推崇的知识型企业”评比活动中，该公司位居第四，仅次于巴克曼实验室、通用电器公司和惠普公司。1996年，安达信公司开始着手建立“知识空间”（Knowledge Space），这是公司知识管理的重要方法之一。该公司因卷入安然公司丑闻而遭解体。——译者注

和顾问的声誉，以位居教育的前沿而著称。听众来自世界各地。当时，印度一位著名教育家、政府官员玛努·库尔卡尼博士向我走来，说他对我的发言很感兴趣。

几个月后，我收到一封邮件，是库尔卡尼博士从印度寄来的一本书。扉页上题着“献给丹尼尔·格林伯格……感谢他对21世纪学习阐发的激进观点”。但是，书名《艺术：教育的基础》[①] 似乎与他题写的内容和我一直所倡导的理念相互矛盾。我的发言的整个思想是：没有哪个科目构成了教育的基础。我很纳闷，寄书者竟然会设想我会喜欢一本看似捍卫讲授某一科目的书籍。

我把这本书撂在了一边。若非另一起偶然事件，它可能还在那儿静静地躺着呢。库尔卡尼博士好像在新泽西有位亲戚，他不时过来探访这位亲戚。2001年夏天，他打算来新泽西。他给我写信，说在新泽西停留期间，希望能跟我聚聚。(结果是，他从来没有机会来马萨诸塞州。)就要跟他面对面谈话了，而他友好地送我的那本书，我却连翻都没翻一下。于是，我赶忙从书架上取下那本书，看了起来。我遇到了一生中最惊喜的事情之一，这件事再次印证了那句古老的格言：“你不能光凭封

① Devi Prasad，New Delhi，India：National Book Trust，1998.

面（或书名）就评判一本书的好坏。”

一看到这本书前言部分开头的那句箴言，我心里就明白某种别样的东西正在前面等着我。这句话是：“艺术家不是特别的人，但每个人都是特别的艺术家。”你可以想象一下我读到书中如下内容时心中是多么喜悦：

> 在设计教育项目时，如果忽略孩子的内在天性，我们就会把成人的观念和目标施加在儿童身上，这就意味着不让儿童充分享受自己世界里的童年，不让他们相应地成长。根据印度民间传说，教导孩子时若不考虑其本能，结果就会使孩子像关在笼子里的鹦鹉，忘记了自己的语言，只能不断地重复主人教给它说的那些话。当今的教育体制正是这一现象的具体例证，即教师们正在尽力把孩子变成鹦鹉，从而剥夺他们的童年……如果不仅仅是允许儿童，而且还鼓励儿童在其自然发展过程中长时间地处于自己的世界里，他们就会长成完全实现自己抱负的人。（第42～43页。）

> 人在学习时，不是因为他被人施教，而是因为他自己在学习……的确，在印度文化中不存在“教”这一概念……（引自维诺巴·巴韦）印度宪法中使用14种语言，

> 但没有一种语言中有“教”这个字，而是有“学”这个字。在梵文等印度语言中都没有英语动词“to teach”（教）的对应词……正是教师的自我中心主义观念，使他们认为自己能施教。只要我们拥有这种傲慢，我们将永远不会理解教育的实质。（第96～97页。）
>
> 真正的自由是最伟大的教师之一。（第113页。）
>
> 儿童总是在寻找新的体验，想把进入他们视野或内心的所有东西都仔细研究研究，并进行检验……吸引儿童的往往是成人看不见或不感兴趣的东西。简言之，有两个不同的世界，一个是成人世界，另一个是儿童世界……成人并非看不到儿童感兴趣的东西。这里值得注意的一点是：东西是一样的，但从儿童的视角看，其功能、形状乃至观看视角都极为不同。（第29～30页。）

然而，到目前为止，该书最令人兴奋的一点是，它提到了“奥地利艺术家弗朗茨·奇泽克所做的工作”。作者把奇泽克描述为“用实际的词语讲，他是儿童创造性领域的革命者”，他“保护儿童免受成人的控制”。我从来没听说过奇泽克，这被证明是我的极大的损失。德维·普拉萨德的书向这位伟大的先驱表示了敬意，这促使我开始关注威廉·维奥拉的《儿童艺术》

一书，该书最为广泛地研究了奇泽克的著述和理论。[①] 多亏了普拉萨德和维奥拉，我现在酷爱奇泽克那创造性头脑里涌现出来的思想，并且非常欣赏教育界这位伟大的创新思想家。[②]

原来，19世纪90年代，奇泽克在位于奥匈帝国中心的维也纳组建了一个启动小组来创建学校。维奥拉这样写道：

> 奇泽克（从当时奥地利波西米亚的一个小镇莱特米里兹）来到维也纳，时年20岁（1885年），并进入美术学院学习。他寄宿在一个贫困家庭里，幸运的是这家有好几个孩子。孩子们看到他描啊画啊，就想——正如奇泽克通常所说的那样——“也当当画家”。出于对孩子的真心喜爱（这是促使他成功的一大原因），孩子们要什么，奇泽克就给什么，铅笔啦，画笔啦，颜料啦，一个不落。孩子们画

---

① Bickley，Kent：University of London Press，1942. 尽管该书无疑是这一领域的经典，但要想买到这本书并非易事。

② 目前我所知道的其他这样的人还有：A. S. 尼尔，其学校十分著名，早在20世纪20年代，他就已开始著述；列夫·托尔斯泰，其惊人的洞察力可以在《托尔斯泰论教育：托尔斯泰的教育著述1861—1862》一书中得以一窥。该书由艾伦·平奇和迈克尔·阿姆斯特朗选编，艾伦·平奇译（Rutherford，NJ：Fairleigh Dickinson University Press，1982）。另一本书不易买到。值得注意的是，像托尔斯泰这样的杰出作家关于教育的论述，并不广为人知和阅读。但是，也许可以理解的是，托尔斯泰的崇拜者对他有关教育这一话题的激进观点会感到些许尴尬，因为他的观点跟主流思想极为对立。他的实验学校也是如此，不幸的是它很早就夭折了。

> 出了漂亮的作品。幸运的巧合是，奇泽克和“脱离”运动的创立者保持着密切联系。“脱离”运动是一批年轻画家和建筑师反对旧有学术艺术的一场革命。于是，奇泽克把孩子们的画……给朋友们看。这些艺术家们非常兴奋，就**鼓励奇泽克创办一所学校。他们极不喜欢学校这个称谓，但手头又没有别的什么名称可用。在那里，孩子们应该是第一次被允许做自己喜欢做的事情。**（黑体为后加，表示强调。）（第 11～12 页。）

不用说，官方不赞同这一思想，因为其基础（用奇泽克的话说）是“让儿童成长、发展、成熟”的观念。但是，他基于同样的理念，的确设法开办了一个青少年艺术班。因为这个艺术班不依赖政府资助，所以没有受到国家的干预。

奇泽克还是个年轻艺术生时的这种开启眼界的经历，使他产生了有关艺术的激进思想，这一思想在他后来的活动中继续得到实践。维奥拉的书中援引了奇泽克的对话和讲座[①]，有几处非常令人瞩目，值得在这里引用一下。

---

① 奇泽克本人没有完成他规划的书，不过这本书得到了耶鲁大学出版社的资助。书还没写完，他就去世了。他可能留下了一些笔记或手稿，但这些从未见过天日。我们对他思想的了解来自他人的回忆录。所有的引文均出自维奥拉的《与奇泽克的谈话》（*From Talks with Cizek*）第四章。

“你是怎么做的?”（与他对话的弗兰切斯卡·M·威尔逊问道。）

“我没有做什么。我拿下盖子，而其他大画家则合上盖子。就这点不同。”

“但是，你必须给他们看点东西。有时你必须指出他们在比例方面的不适当。难道你不应该指出这些东西好让孩子们学习和提高吗?”

“恰恰相反。孩子有自己必须遵守的法则。成人有什么权利去干涉？人们应该跟着感觉画画儿。”

小孩子通常比老师和家长预想的更为理智。他们的大脑充满活力，可以在最短的时间内构想出成人所不理解的许多东西，因为他们太好奇了。

最后，有趣的是，我们可以思索一下奇泽克的为人父母观。

有三类父母。第一类父母总是跟在孩子身后忙乱，控制孩子，纠正他们，努力让孩子走跟自己一样的道路。第二类父母是无限偏爱型，他们完全不管理孩子。第三类父母是理想型，他们在远处看着孩子。在孩子需要的时候，会马上送上鼓励和友谊。（维奥拉，第35页。）

维奥拉关于奇泽克的这本书里充满对“教师”角色的真知灼见。下面是其中一些：

> 你必须认真对待孩子。孩子能够马上知道你对他是不是认真。但装作很认真没有意义，这跟道德无关。
>
> 我们必须为孩子及其作品赋予意义。这并不意味着无限的表扬。不冷不热的气氛对孩子来说非常合适。冷淡、负面的批评极为致命，但过多的表扬也并非没有危险。面对孩子作品中令人惊讶的妙处，有时候会觉得必须大声说：“你真棒！画得跟凡·高①或高更②的画一样美！”但是，应该使用更谦逊一些的言语，应该是有节制的表扬，这样会让孩子觉得他画出这么好的画理所当然。但是，如果老师倾向于把孩子所创作的每样好作品都视为理所当然，那么这种不太重视所带来的危险要比过分表扬还大一些。

---

① 凡·高（Vincent van Gogh，1853—1890），荷兰画家，后印象主义代表人物之一，以风景画和人物画著称，用色富于表现力和激情，主要作品有《邮递员罗兰》、《画架前的自画像》、《星夜》、《向日葵》、《有乌鸦的麦田》等。——译者注

② 高更（Paul Gauguin，1848—1903），法国后期印象派画家，醉心于“原始主义”，用平涂表现带装饰性的真实场景及原始趣味和异国情调，作品有《黄色的基督》、《两个塔希提女人》等。——译者注

> 尽管听起来自相矛盾，但还是尽可能少去帮忙。成人是否应该帮忙、能否帮得上忙，这个问题出现了。我们相信间接的方法是有效的。有时候，一句话、一个眼神、点一下头就足够了。

奇泽克把艺术作为其思考一个全新教育世界的切入点，这种途径我以前可从来没有想到过。他认为，儿童天生就具有真正——确实往往非常伟大——的艺术能力；艺术活动对其而言是天生的；成人干预儿童作为艺术家的自然发展，会对这一发展有百害而无一益。从一开始，奇泽克就进入到教育和儿童发展的整个王国，得出的结论是：儿童不受阻挠的自然发展使其能够完全实现自身的潜力。一般而言，成人的干预与其说是这一成长过程中的财富，不如说是一种义务。对奇泽克及其追随者而言，从艺术到所有其他方面的成熟这一飞跃都是直觉的飞跃。直到读过本节开篇段落里提及的那篇文章，我才不仅理解了奇泽克直觉飞跃的真正基础，而且还获取了有关教育本质的崭新而又丰富的视角，这是我以前没有注意到的。

这其中的关键是认识到某些活动是普遍的、跨文化的，因此与做人的本质是相互关联的。更有意义、更能说明问题的（这里还是奇泽克触及了真理，尽管不是有意识的）是这样一个事实：儿童从最小的年龄段就开始了同样的活动，因此这些活动不是——确实也不可能是——社会文化影响的产物。这就把这些活动置于生物进化的范畴而非文化史的范畴之内。[①] 因为这三种活动——制作音乐、装饰和交谈——是成千上万年进化的结果，因此它们本身可以自动地代表人类在自然界中地位得以提升的一个重要方面。换言之，这些活动不仅代表着进化的结果，还代表着用以说明现代人在世界秩序中占据特定位置的那些重要特征。

允许儿童——乃至成人——尽情地从事这三种活动，就是允许他们充分实现作为人的内在潜力。从社会原因来看，尽管对其活动进行外在干涉有时看起来可能有道理（人毕竟是社会动物——这是进化的另一维度），但它总是会多多少少地减弱其本性应该使其达到的程度。

一旦认识到这一点，对于教育者和儿童发展专家违背儿童的喜好和意愿而热情倡导强制性地减少这些活动，从而支持外在施加的成人安排的活动，就很难让人理解了。尽管此类缩减在工业化时代有某种经济方面的道理，但如今压制儿童天生的、正在发展的行为所具备的最小优势都已不复存在。

---

① 迈克尔·格林伯格如是说："其余（即除了音乐、艺术和谈话之外）都是供人获取的。并非每种文化都绝对有写作……其余的是技术，可以这么说。"也就是说，其余的都是二级文化创造，而非人类内在的特征。

鉴于以上所述，人们在诸如瑟谷学校那样的环境里看到这三种活动占据主导地位的做法，就不会感到吃惊。在那里，到处都可看到孩子们在交谈、倾听或制作音乐，参与各种各样的艺术活动（速写、绘画、摄影、看图画）。读过普拉萨德、维奥拉、奇泽克这些人的书籍之后，我突然第一次注意到这些显而易见的东西：学校是艺术活动的温床。我还没结识上述学者的时候，就已经意识到艺术家似乎能在这种环境中充分发展。结识了这些学者之后，加上随之而来的思考，我逐渐认识到艺术不仅仅是学校的另一特色。相反，艺术是学校不可或缺的核心部分。作为一个使用语言的人，当涉及交谈、聊天的时候，我更容易理解这一事实。如今我终于明白了整个情形，其潜在原因就是人性。

唔，不能算是整个情形。还有另外两个跨文化的活动——玩耍和好奇地探索。随处可见的是，所有人都在进行这两项活动，儿童则从最小的时候就开始了。玩耍和好奇地探索与上述三项活动——制作音乐、装饰和交谈——同时存在。很长时间以来，人们就已明白，玩耍和好奇心是人性的重要方面，是生动进化的关键产物。亚里士多德明确地把好奇心视为所有革新和创造性的来源，许多观察家也已诠释过玩耍的重要性。

如果明白上述五种活动虽然以这种或那种形式存在于其他物种身上，但没有哪一个物种能够达到在人身上表现出来的那种复杂程度，那么上述五种活动在进化方案中的重要意义就可以被更充分地理解。其他动物也会玩耍，尽管只有为数不多的动物成年后仍然如此，但没有任何动物发展出了人类发明的所有错综复杂的游戏。其他动物也会使用声音交流，但没有任何动物创造出了带有句法、语法、结构和词汇的语言，哪怕是最遥远地接近最“原始”的人类语言的都没有。其他动物也会好奇地探视周围的环境，但没有任何动物的好奇探索能够达到人类所能达到的程度。其他动物也会发出不同声调和强度的噪声，当然可以称之为音乐，但是没有任何动物能谱写出奏鸣曲和交响乐。有些动物找到办法来装饰自己，但没有任何动物具有人类发展出来的多样化表达手段。这五种活动对人类来说不仅必不可少，而且人类主动发展的程度表明，进化赋予了这些活动特别的意义，它们是人类控制这个星球的指示器和主要建筑师。

领导力也是一门艺术。这是教不出来的，因为它需要天赋。尽管天赋不能从一个人传递给另一个人，但是其他人可以帮助此人认识到自己的天赋并发展这种天赋。这种识别和发展应该是教育的一个主要目标。

**艺术**一词至少有两个相互关联但并不相同的含义。一方面，艺术实际上是**技能**的同义词，比如，在我们谈到制作家具的艺术或者建筑方面的艺术时，说的就是这个意思。在这个意义上，**艺术**和**手艺**也几乎是同义词。手艺是生产具有艺术（审美）特征的产品的活动，但这些不是主要的，产品的**效用性**功能才是主要的。比如，埃姆斯①或沙里宁②设计的椅子首先是用来坐的物品，然后才是一件艺术品。另一方面，一些（美术）艺术作品不具有效用性，其主要目的在于审美性（比如，贝多芬③的交响乐、塞尚④的绘画、罗丹⑤的

① 埃姆斯（Charles Eames，1907—1978），美国最杰出、最有影响力的家具和室内设计大师，设计出了埃姆斯椅，这是一种模制的胶合板或塑料椅子。他曾在圣路易斯的华盛顿大学学习建筑学，1936年起在美国最著名的设计学院之一匡溪学院任教。1940年，他与沙里宁一道设计的胶合板椅在美国现代艺术博物馆举办的设计竞赛中获得大奖。他是设计上的多面手，在自己的设计中联系其他学科，形成了一种边缘学科式的工业设计。埃姆斯的室内设计及其设计的座椅等享誉世界，不少作品至今仍在生产和流行。——译者注

② 沙里宁（Eero Saarinen，1910—1961），芬兰裔美国建筑师，父亲是建筑师，母亲是雕塑家，20世纪中叶美国最有创造性的建筑师之一，擅长依项目的需要而灵活改变风格。1940年与查尔斯·埃姆斯合作设计的椅子获得设计竞赛第一名。他最著名的设计是纽约肯尼迪机场的第五航站楼。他的“有机家具”设计也非常突出，开创了有机现代主义的设计新途径。——译者注

③ 贝多芬（Beethoven，1770—1827），德国作曲家，毕生追求“自由、平等、博爱”的理想，其创作集西方古典乐派之大成，开浪漫乐派之先河，对后世西方音乐的发展有深远影响，主要作品有交响曲9部、钢琴奏鸣曲32部、弦乐四重奏曲17部。——译者注

④ 塞尚（Paul Cezanne，1839—1906），法国画家，后期印象派代表，认为自然物体均与简洁的几何体相似，对运用色彩和造型有新的创造，代表作有《玩纸牌者》、《圣维克图瓦山》等。——译者注

⑤ 罗丹（Auguste Rodin，1840—1917），法国雕塑家，善于使用多样的绘画性手法塑造生动的艺术形象，主要作品有《青铜时代》、《加莱义民》、《思想者》、《雨果》等，著有《艺术论》。——译者注

雕塑和莎士比亚[①]的戏剧)。

艺术[②]与工艺的区分并不能用明确的界线来划分,它是一片灰色区域[③]。这就是为什么许多艺术博物馆也展示诸如家具和陶瓷类工艺品的缘故。

创作伟大艺术品或者生产工艺品总要涉及技艺,但是仅仅拥有所要求的技艺还不够。**天赋**是成就伟大作品的必备条件。不同的艺术品和工艺品要求不同的天赋和技艺。

审美的两大功能——就我所理解的——首先是**激励**对理想的追求,这是其**创造性**功能。理想是一种永远实现不了但可以不断趋近的目标。审美的第二大功能是刺激不断追求理想的禀性,这是其**娱乐性**功能。娱乐性功能提供追求过程本身的快乐,提供"补充精力的暂停"。若无这样的精力补给,就不可能维持对永远不可企及的某种东西的追求。

艺术的娱乐性功能根植于消遣之中。这也是我们为什么

---

① 莎士比亚(William Shakespeare,1564—1616),英国剧作家、诗人,著有 37 部戏剧、154 首十四行诗和两首长诗,主要作品有喜剧《仲夏夜之梦》、《威尼斯商人》,历史剧《理查三世》、《亨利四世》,悲剧《哈姆雷特》、《奥赛罗》、《李尔王》、《麦克白》等。其作品被译成多种文字,享誉世界。——译者注

② 艺术(原文 fine arts),有时指美术,包括绘画、图案、雕塑、陶瓷制品,有时包括建筑、文学、音乐、戏剧或舞蹈。——译者注

③ 灰色区域(gray area),指介于两个极端之间的区域。有时译为"中间地带"或"边缘的事物(多指学科)"。——译者注

称提供消遣活动者为艺术家的缘故。但是，提供消遣者跟贝多芬或塞尚那样的艺术家并不一样。刘玉玲①和西纳特拉②为观众提供消遣，但他们并不激励人，而贝多芬和塞尚时至今日仍对人产生激励。

人们可以通过练习获得技艺（比如骑自行车）。在一些情况下，指导可以使技艺的获得更加容易。大部分人都可以让人教会画画，有些时候还画得很棒。但是，没有办法教会一个人如何成为一名伟大的平面艺术家。创作艺术品或生产艺术性工艺品所需要的技艺可以从头学起，而不要求天赋。虽然天赋是教不出来的，但却是可以培养和发展的。

---

① 刘玉玲（Lucy Liu，1968—　），生于美国纽约的皇后区，父母都是中国移民。在中国，父母都是知识分子，但移民到美国后，他们只能一切从零开始。作为第二代移民，刘玉玲过着清苦的童年生活。1986 年，她进入密歇根大学，后取得亚洲语言文化专业学士学位。1990 年正式步入影坛。主要作品有《上海正午》（2000）、《危险人物》（1999）、《甜心俏佳人》（1997）等。曾获艾美奖最佳女配角奖、"亚美影视奖"最佳女演员奖等。——译者注

② 西纳特拉（Frank Sinatra，1915—1998），生于美国新泽西州，是意大利移民在美国的后裔，被誉为"本世纪最伟大的流行歌手"。他一生演过 50 多部电影、灌录了 200 多张专辑。他独树一帜的中低音独唱，打破了美国重摇滚合唱团的垄断局面，唱出了美国人的心声。他传奇般的演艺生涯长达 50 年。他首次演出的影片是 1943 年的《再高一些》。1945 年因主演有关反种族歧视的短片《我住的房子》获奥斯卡特别奖。1953 年以影片《乱世忠魂》获第 26 届奥斯卡最佳男配角奖。1955 年因主演《金臂人》一片获奥斯卡最佳男主角奖提名。——译者注

大部分人——无论老少——都有某种天赋，无论是艺术天赋还是别的什么天赋。然而，很少有人拥有多种不同的艺术天赋。（米开朗琪罗①和达·芬奇②是例外。）比如，一位伟大的作曲家画不出一幅伟大的画作，一位伟大的画家也谱不出一首伟大的曲子。因此，各个层次教育的一个最大功能是，使个体发现他们拥有何种/哪几种天赋，一旦发现，则应使其能够学会如何发展这一天赋。

天赋只能通过实践才能被发现。（笔试做不到这一点。）比如，我们只有通过画画或写作才能发现我们是否具有画画和写作的天赋。因此，有效的教育应该为各个年龄段的“学生”提供广泛探索艺术和技艺的机会，这样才能使他们发现自己究竟拥有何种天赋。

对天赋的有效发现不能经由他人指导，只能通过自我指导。但是，他者可以使天赋的显露更为容易一些，并有助于天赋的提高。艺术标准永远不应该外在地施加在学习者身上。

① 米开朗琪罗（Michelangelo，1475—1564），意大利文艺复兴时期雕刻家、画家、建筑师和诗人，主要作品有雕像《大卫》、《摩西》，壁画《最后的审判》，并设计了罗马圣彼得大教堂圆顶等。——译者注

② 达·芬奇（Leonardo da Vinci，1452—1519），意大利文艺复兴时期画家、雕塑家、建筑师和工程师，在艺术和科学方面均有创造性见解和成就，代表作有壁画《最后的晚餐》、祭坛画《岩间圣母》及肖像画《蒙娜·丽莎》等，著有《绘画论》。——译者注

在艺术标准的框架内，像凡·高这样伟大的艺术家都有那么长时间未被人们发现。许多伟大的艺术家都不被那些制定并维持艺术质量标准之人所欣赏。打破规则是艺术创造的重要部分。伟大艺术品的最初展现——比如，斯特拉文斯基[①]的《火鸟》和詹姆斯·乔伊斯[②]的《为芬尼根守灵》[③] ——甚至遭受到观众/读者的公然敌对。即便伟大的艺术家们形成了一种“流派”，比如印象派，其中的每位成员也是独一无二的，创作的作品很容易就可以被人识别出创作者为何人。

对于理想的幻想，即接近理想，吸引并动员着那些愿意追求这一幻想的追随者，即便这需要个人为之做出牺牲。**讲清楚**一个幻想的能力也是领导身份的先决条件。领导者不需

---

① 斯特拉文斯基（Igor Stravinsky，1882—1971），俄裔美籍作曲家，早期代表作有舞剧《春之祭》、《火鸟》等，中期转向新古典主义，作品有《圣诗交响曲》等，后期多采用序列音乐手法，作品有歌剧《浪子的历程》等。——译者注

② 詹姆斯·乔伊斯（James Joyce，1882—1941），爱尔兰小说家，先后在罗马、的里雅斯特、苏黎世等地以教授英语为生，同时从事创作。其作品揭露了西方现代社会腐朽的一面，多用“意识流”手法，语言隐晦，代表作有《尤利西斯》、《青年艺术家的肖像》和短篇小说集《都柏林人》，其他作品有抒情诗集《室内乐集》和《一分钱一首的诗》、剧本《流亡者》。——译者注

③ 《为芬尼根守灵》（*Finnegan's Wake*，1939），乔伊斯的最后一部长篇小说，作者自称是他的一部杰作。小说围绕着人类历史上死亡与复活的循环往复这个中心主题，描写了都柏林一家小酒馆老板伊尔威克（他代表一切人）梦中的经历，表现当代世界已进入死亡期的最后混乱。——译者注

要成为动员出来的幻想的始作俑者，而只是清晰阐述者即可。领导者必须激励追随者，从而对其产生吸引力。罗伯特·哈钦斯①系统地阐述了莫蒂默·阿德勒②的远见卓识。哈钦斯是领导者，而阿德勒不是。追随者被一种幻想所吸引，因为他们也有这种幻想，即使他们没有领导者阐述得那么清晰。系统地阐述一种激励人心的幻想是一种艺术，是作为领导者不可或缺的一部分。

领导者还必须能够详细阐发追求这一幻想的策略，即预先向人展示可能推进该幻想取得进展的办法。艺术家们不一定具有这种能力，但领导者必须具备。比如，凡·高当然阐发了关于绘画应该为何的全新远见卓识，但他不是领导者。有些人凭借以身作则吸引追随者。革新家通常被人模仿，但他们不领导。

不具备所要求的天赋，即不能系统阐述激励人心的远见卓识以及卓有成效地实践这些远见卓识，那就成不了领导。

① 罗伯特·哈钦斯（Robert Hutchins，1899—1977），美国教育家，芝加哥大学校长（1929—1951），《不列颠百科全书》编委会主席（1943—1977）。他批评美国教育过分走向专门化，力求保持西方教育传统，捍卫学术自由，反对教师做忠诚宣誓。——译者注

② 莫蒂默·阿德勒（Mortimer Adler，1902—2001），美国哲学家和教育家，第15版《不列颠百科全书》设计主任，曾主编《美国编年史》，与哈钦斯合编《西方世界的伟大著作》（54卷）、《伟大著作入门》（10卷）等。——译者注

因此，大部分所谓的领导身份发展项目其实都是骗局。他们做出虚假的承诺，说要从管理者或行政官员当中选拔领导者。其根源是未能对行政官员、管理者和领导者加以区分。

行政官员是指挥他人采用手段来追求目标的人，其中目标和手段已由第三方规定好。比如，督导一组做日常事务的职员的人通常就是行政官员，像订货登记或准备采购单就是这样的日常事务。他手下人做的事情已经由比这些人的直接上司（督导）更高一级的权威规定好了。一般而言，督导也是行政官员。政府部门中有很多行政官员，因为他们身为官僚机构的一部分，通常规定了那些实际工作者使用的手段及所要达成的目标。

管理者是指挥他人采用管理者选择的手段去追求目标的人。很多我们称为管理者的人——即便在私人企业里也是如此——其实是行政官员。一个机构越专制，其管理者就越少，行政官员就越多。一个机构越民主，其管理者就越多，行政官员就越少。

领导者指挥他人采用由他领导之人选择的手段去追求目标，条件是跟从领导者的那些人自愿这么做。人们不情愿跟从的人是指挥者，因为他们通过惩罚不听话的手下来向其施加权威。指挥者是一种管理者，而非领导者。譬如，圣女贞德[①]是领导者，因为她能够对其追随者发号施令。巴顿将军[②]是指挥者，是军事管理者，而不是领导者。他是靠权威统治的。

领导身份是一种实践，而非像从前界定的那样是主体。作为一种实践和艺术，领导力是教不来的。如果具备要求的天赋，则可以发展领导力，但无之则不可。作为一种实践，学习的最佳方法要么是自我激励式的探索，要么是跟从那些具备并表现出所要求的天赋和技艺之人做学徒。

学校——从学前教育直到大学——可以从具备所要求天赋的人中培养领导者，但学校不能生产领导者。学校可以帮助识别和开发必要的技能，从而提高管理水平。这一点同样适用于毕业之后的继续教育和成人教育。培养领导者需要提供表现所要求天赋的机会，天赋出现时要能识别出来，并帮助其发展出天赋（以及必须伴随的技艺）来。

---

① 圣女贞德（Saint Joan of Arc，1412—1431），法国民族英雄，百年战争时率军 6 000 人解除了英军对奥尔良城之围，后被俘，受火刑而死。——译者注

② 巴顿将军（General George Smith Patton，1885—1945），美国陆军上将，第二次世界大战期间曾率部队参加北非战役，后任美国第七集团军司令（1943）、第三集团军司令（1944），其装甲部队屡建战功。后死于车祸。——译者注

拥有工艺或艺术所要求的技艺，可以极大地佐助人们达到可能达到的生活质量。这些可以成为人们主业或副业所涉及的核心能力。无论在主业还是在副业中，使用这些技艺可以丰富生活，而这正是教育的应有之义。

# 第三部分

# 构想理想化的终身教育

# 第十一章　构想理想化的教育环境：原因与方式

在任何时候我都可以证明，我受到的教育试图把我变成一个跟我真正成为之人完全不同的一个人。因此，我要谴责的，正是我的教育者依据其动机给我带来的伤害。我要从他们手上讨回我现在这个人。而且，因为他们不能把这个人还给我，我还要在来世发出锣鼓般响亮的谴责和嘲弄之声。

——弗朗茨·卡夫卡[①]

① 弗朗茨·卡夫卡（Franz Kafka，1883—1924），奥地利小说家，现代派文学的先驱，作品象征着20世纪的忧虑和渗透于西方社会的异化，著有长篇小说《审判》、《城堡》等。——译者注

我们已经力图表明，目前的教育体制需要转变成使人们能够学习如何高效学习及如何在一生中具有学习动力的体制。这样一个转变要求系统地阐明体制应该是什么。

理想化重新设计的过程被描述为：

> 一种体制的理想化重新设计是设计者使用这种体制取代当前现有体制的设计——如果他们能够自由地使用其希望的任何体制取代现有体制的话。

因此，设计者始于一种假设——当前的体制昨晚遭到了毁坏，但其环境仍旧丝毫未变。①

基于同样的精神，理想化设计的实践者描述了这一过程应该符合的三大先决条件：

● 要设计的体制必须**在技术上是可行的**。它不能包含目前不存在的任何技术，这不是科幻小说。

● 尽管设计没必要在现在或以后得以实施，但它必须**在操作层面上是切实可行的**。也就是说，它要是现在出现的话，就必须能够在其环境中存活下来。

● 要设计的体制必须在一种寻求理想的体制内部或外部**能**

---

① Sheldon Rovin et al., *An Idealized Design of the U.S. Healthcare System*, Bala Cynwyd, PA: Interact, 1994, pp. 2 - 5.

**够不断地得到完善**。也就是说，具有快速有效学习和适应的能力。

那些涉入重新设计过程之人必须知道，他们能做自己想做的事情时要去做什么。他们要是想为未来设定有意义的目标，这种知识就必不可少。

这种设计的结果在此意义上被理想化：产生的是对理想体制的寻求，而非理想的体制。随着进一步的体验以及环境的变化，设计应该不断得到完善。唯一可以肯定的是，我们认为从现在起的五年或十年内想要的某些东西，到那时就不再想要了。

这种远见卓识应该极具激励性，它是一件艺术品。它应该为收获长期利益而牺牲短期利益。它应该提供改革运动的圣杯①，改革现有的教育实践。②

---

① 圣杯的传说源自基督教，传说它是耶稣基督在最后的晚餐中使用的绿玉琢制的酒杯，圣约瑟用它来接耶稣基督伤口流出的鲜血。在罗马帝国灭亡后欧洲黑暗时代的亚瑟王传说中，寻找圣杯成为骑士们的最高目标。在延续千年的传说之后，圣杯常常被用来代表众人追求的最高目标，而它的另外一层含义则是一种对渺茫希望的暗示，即圣杯是一种崇高的理想，但也仅仅是一种理想而已。——译者注

② 简短的背景概览，参见拉塞尔·阿克夫和谢尔登·罗万的《关于权力的伦理用途及引导体制性变革的政治行为》一文，发表于弗朗西斯·达菲所编《校区里的权力、政治和伦理：体制性变革的动态领导》，这是引导学校体制性改善系列丛书的第 6 卷（Lanham，MD：Rowman and Littlefield Education，2006）。

为什么要重新设计整个体制呢？为什么不满足于一次只关注现有体制的某些个体缺陷而进行循序渐进的变革呢？

原因十分简单：这些缺陷是系统性缺陷，不是轻轻一掸就可拂去的一堆缺点。这些缺陷相互关联在一起，是来自构成当前整个教育范式基础的那些前提里的一个本质性瑕疵，即这个体制必须以对其服务客户的外在控制为基础，理由是这些人承担不了自己在现代发达社会中的教育责任。

我们已经着手进行一种终身教育的理想化设计。在我们迈向目标的过程中，我们思考的所有重要因素都已经摆在了读者面前。在这种精神的指导下，我们不仅谈及了我们的建设性思想，还探讨了我们认为当今教育体制的主导因素需要被取代的原因；也就是说，我们为什么要在假定当前教育体制于昨晚遭到毁坏的基础之上构想一种新体制。

本书的写作背景是普遍意义上的西方发达自由民主文化，尤其关涉美国的社会环境。展望其他文化背景的理想化教育过程，当然会对居住在该环境里的那些人非常重要。然而，我们还是选择我们在其中长大成人、一辈子生活其中而且最为熟悉的背景展开探讨。

在本书这一部分，我们将着手做这样的工作。

# 第十二章　学龄前的岁月

真正的自由是最伟大的教师之一。

——玛努·库尔卡尼博士

从出生的那一刻起，终身学习——孜孜不倦、无所不包、坚持不懈地学习——的热情就在每个人身上清晰地显现出来。理想的情况下，在人生的早期，儿童应该有机会自由地探索周围的世界。应该允许儿童以自己的方式和步伐去琢磨怎样应对他们接触到的人和物。这样一来，他们就能够自己构建出一个现实模型。随着他们的成长，这一模型在广度和深度上不断地继续拓展。

常见的观点是，儿童出生时相当被动。如果成人没有不断地进行积极刺激，他们就不会很好地发展。这种观点也被广泛认为适用于年龄大些的孩子，甚至是青少年。它所形成的理念是，人这种动物在本性上是静态的，如果不加管教，它就有可能停留在原来的位置上不动。成人需要采取行动，把儿童身上的发展潜力挖掘出来，因为儿童本人是做不到这一点的。

然而，任何人要是仔细观察儿童，很快便会得出结论：儿童成长和了解世界的速度简直快极了。大自然赋予了他们长大成人的内在驱动力。小孩子太清楚自己与成人之间的差距了，因而急于缩小这一差距，从而达到其周围成人所达到的水平。只有非常大的力量才能阻止儿童实现自身成长和成熟的这种巨大驱动力。这种驱动力也是幼小动物的基本特征，对于整个生物界物种生存非常重要。

正是在人生早期，人进行了一生中最为集中、最为全面的学习。事实上，所有的学习都是自己开始、自我激励的，并没有成人在那里充当“教师”而对其进行帮助。在令人惊愕的大量尝试中，学龄前儿童最终成了自学者。

比如，把一个刚出生的婴儿跟一个走路踉踉跄跄的两岁孩子进行比较。前者有待于学会理解感官传递的信息、控制肌肉运动、发展平衡力和本体感受力、表达与他人的关系或进行交流，甚至于理解自己作为一个独立个体存在的事实。而后者学习这些内容已经有相当长的一段时间了，尽管开始时只具备自身天生的能力，尽管一路上屡次遭遇失败，但最终他还是学会了。

很少会有人停下来思索这些本领是多么难以掌握。譬如说，学会爬行就是一项巨大的成就。必须控制好四肢运动，更重要的是，四肢协调起来才能达到人们认可的目标。善于观察的父母可以跟踪这一过程。婴儿先是有意识地渴望朝他想抓住的物品挪动。慢慢地，胳膊和腿开始活动起来，但没有预定的姿势。有时候，他不协调地挪动一下，也没有改变原先的位置。有时候，他只有腿或者胳膊在动。通常，移动是逆行的，孩子离目标不是更近，而是越来越远。有时候，孩子发现自己翻躺在床上，他不知道怎么翻过身来。（很快，来回翻身成为孩子的目标。）但是，他坚持不懈，慢慢地更加熟练地做自己打算做的事情。在这一过程中，他以不屈不挠的决心克服了障碍，解决了大量问题。最后，经过好长时间，他发现自己能够娴熟地爬来爬去了。

这种复杂的学习出现在整个学龄前的岁月。在孩子很小的时候，他会用手拿东西放到嘴边，从中就可以看到这种学习。后来，在孩子费劲地学习站立、走路时，也可以看到这种学习。也许最惊人的是，在孩子学说话的漫长痛苦过程中，同样可以看到这种学习。

要讲出话来，有那么多因素在发挥作用。必须把言语的声音与环境噪声区别开来。孩子必须认识到这个声音有意义，必须把声音使他的世界与他人世界发生的事情联系起来这一观念概念化。他必须理解“符号”这一概念，明白这种言语—声音是他体验过的某种东西的符号。他必须弄明白正在跟他发生联系的其他人也在使用这个符号来表达自身的体验。诚然，他还必须意识到，他与他人是相似的存在物，因而有可以比较的相似体验。

所有这一切都没有弄清言语究竟象征什么那样困难。这个哲学问题最早由苏格拉底在大约2 500年前进行了深入探讨。如今，大批见解深刻的思想家又对此进行了重新审视。事实上，当今的情形跟过去一样，这个问题并没有得到解决。儿童就像周围的成人一样，必须满足于对言语所做的临时的、不断变化的定义，必须能够在一生中有效地使用言语。

人们敬畏于学龄前儿童身上蕴藏的巨大学习能力，这种能力在以后的岁月里永远不会被超越。在儿童永不满足地渴望长大并成为有用的成人的过程中，这些能力得到了最充分的利用。这些能力伴随着孩子成长的整个过程，使其惬意自然地进行自我激励式的终身学习。

我们已经看到，在许多方面，社会试图扼制儿童的自主活动，而用成人控制的行为代替之。我们一直倡导的方法是，每个人都应尽可能充分地按照自己个体的方式发展预期的目标。从我们的这一视角出发，每个孩子努力以一种独特的方式成熟起来，这不仅仅是大自然的安排，也是我们的义务，即尽最大努力鼓励这种情形的出现，而不要力图用我们的努力来取代孩子的努力。

这一视角的首要意义是，儿童的发展通过满足其需求而得到提升，达到人们能够肯定这些需求而孩子能够表达出来的程度。许多人认为满足儿童的需求就是“溺爱”他们。然而，如果孩子最想做的事就是长大成人这种说法成立的话，那么他们表达的需求就提供了那种驱动力，而满足这些需求则会加速其成长过程——实际上，是使成长成为可能。

许多人说满足儿童的需求会使其索要更多，更为依赖他人。这种说法的存在，主要是因为大多数为人父母者的做法偏离了孩子的真正需求，力图用自己心目中孩子的需求来取代他们真正的需求。孩子们被从自己迈向独立和成熟的道路上拽了下来，而被置于成人创造的道路之上。要是只看应该让他们走向何方的话，这种做法必然会让孩子总是依赖成人。

思索一下喂食这个问题。婴儿表达对食物的需求时，应该满足他这种需求，不管离上次喂食的时间是长还是短。长期来看，这会使儿童最大限度地实现独立。在把自己与家人融为一体的过程中，儿童会最终学会调整自我驱动的日常习惯，从而适应周围人的日常习惯。相较而言，大部分人认为，有必要给孩子制订日程安排，这样他们就能习惯于自己不能总是“自行其是”这一现实。采用这一方式，人们便给孩子形成了一套非自然的饮食方式，因为成人世界认为这种方式对孩子的成长大有裨益。结果，孩子学会去吃食物，但不是在自己真正想吃的时候，而是父母想让他吃的时候。这是第一步，这使孩子认识不到自己的内在调节机制，却教会他们依赖外在机制决定什么时候吃食物。

现在我们看第二步：宠坏。当孩子处于一种日程安排之中时，往往会加剧喂食时对孩子的态度和两次喂食之间对孩子态度之间的差异。在两次喂食之间，成人可能会听任孩子哭叫而不理他。实际上，这是由于孩子的反应不符合成人的安排而给予的某种形式的惩罚。然而，喂食时间到了，孩子则被抱在怀里抚爱，被关心得团团转。成人安排形成的非自然需求得到过分纵容，粉饰得极有吸引力。在孩子身上可以一次又一次地看到这种情形：父母或其他重要的成人使孩子脱离真正的需求，而用成人期望的东西代替，然后致使孩子过分沉醉于替代物。这使孩子比以往任何时候都更加依赖成人，因为他们没有得到自己真正想要的东西，就愈发不顾一切地要得到那个替代物，这样至少能得到一样东西而不至于什么也得不着。这一过程产生了完全依赖别人的人，他们被“宠坏”了，因为他们不会根据自己内在的指针确定何为重要的东西，而是在自身之外寻找别人认为应该是重要的东西。

当探讨婴儿的需求时，如果低估他们脑袋瓜儿里发生的事情，就会存在一种危险。许多人认为婴儿尤其“身在局外”，什么都不太明白。因此，当这些人通过某种经历发现婴儿事实上可以理解一些事情时，他们总是大为惊奇。通过某种偶然的观察发现婴儿对周围环境的理解非常多，这种事情总是令人着迷。成人极少有机会看到这一点，因为这需要长时间、努力并且格外仔细地观察孩子才可以发现。但这一努力会不时地得到回报，因为成人可以洞察到孩子发现周围环境的某些方式，如何遵从这些方式，如何理解及对其做出反应。

想要大体了解婴儿大脑中究竟在发生什么，确实是很困难的。因此，成人对此应特别敏感，力图尽可能仔细准确地识别婴儿发出的信号。更重要的是，成人有必要认识到，婴儿大脑中发生的大部分事情，成人都会错失掉。这也许非常令人遗憾，但既不具有悲剧性，也不具有破坏性。如果成人正在做一切可能的事情来满足孩子的需求，而且孩子相对安全的话，他会逐渐认识到，尽管他的信息没有成功传递给成人监护者，但这并非因为缺乏他这一方的努力造成的。这样一来，孩子从人生之初便能学会如何应对每个人——无论老少——生活的一部分：挫败和失望。

前述全部内容归结起来只有一点：婴儿的根本问题是交流。他们生活在自己的世界里，充满感觉、情绪、感情和理解力。但是，他们还不能明白如何跟外界联系，尤其是如何跟其他人交流。总体而言，我们可以区分交流问题所决定的人类发展的三个阶段。第一个阶段是婴儿期，即从出生到大约一岁的时期。这一阶段的特点是，一再地输掉让自己的意图为人所理解的战斗。婴儿有各种各样的办法吸引成人的注意，但他们真的不明白这个世界究竟是怎么一回事。成人也不明白婴儿世界是怎么一回事。双方都在努力理解对方，婴儿要更费劲一些，这是由于他们拥有想要成熟的内在驱动力。

第二个阶段是从大约一岁至四岁这一时期。在这一阶段，孩子慢慢掌握了周围成人使用的语言。孩子开始活跃起来，学习与人交流，获得极为详尽的世界观，但大部分时间仍然极具挫败感，因为他们的交流能力远远滞后于其理解力。第三个阶段就是此后整个生命的时间。在这一阶段，人们事实上已经掌握了交流的艺术，可以清楚地阐明自己脑子里在想什么。一般而言，其理解力与交流能力十分相当。

交流困难使得人生第一年的生活对于以后的岁月非常重要。在出生后的第一年中，孩子不具备充足的机制处理他们接收的信息，不具备使用言语具体概括自己体验的能力，而且他们提取贮存在记忆中的信息的能力也极其有限。这就意味着，尽管头一年中发生在婴儿身上的事情会影响其未来的行为，但并不很容易在以后做出评论和分析。这种局面存在潜在的危险，婴儿身上发生了具有重要意义的经历，而他们没有能力处理这些经历，尽管这些经历可能对其整个一生的发展都会产生长远的影响。这在为婴儿负责的成人身上置放了多么沉重的担子啊！相较而言，成人的经历经过处理，贮存在记忆之中，以后可以再发现、再处理、再分析、再融入成人的世界观之中。成人能够应对环境，适应各种各样的人生经历。他们经受失望、失败、成功和危险的局面。经历过这些事情之后，他们的性格变得相当稳定。婴儿却不是这样，他们的大部分经历对其自身而言大都具有不可恢复性。

这就是为什么从外部干预婴儿自己主动的发展要比干预年龄稍大些的孩子更具潜在危险性的缘故。可以跟年龄大些的孩子做解释，帮助他们把自己的经历融入对生活的理解之中。对不具备语言能力的孩子而言，干预代表着粗暴的力量，是对主动性的明显压制。这就是为什么在孩子出生到一岁期间成人应该尽量宽容，忍受那些在孩子以后岁月里不一定能够忍受的事情。从自身经历中学会可以做什么、不可以做什么，这是孩子健康发展的一部分。一般而言，在任何时候，如果孩子得知必须认同外在力量，但却不明白为何要这样做，都会是一种负面经历。

孩子要学习的最重要的东西是独立，独自了解自身及其环境。挫折可能使他们发怒并沮丧，他们有可能极力表达自己的愤怒，但这些方面应该受到鼓励。让孩子充当主导者，能够自由地表达自己对不同经历的反应，这对他们极为有利。

当然，父母有责任使孩子避开身体伤害。（一般而言，从伦理道德上讲，成人有义务尽力阻止孩子遭受迫在眉睫的身体危险。）构成危险局面的因素为何，这属于判断的问题。孩子并不愿意遭受自己意识到的危险，他们从不断摸索中学会避开不具灾难性的危险。因此，父母应该把握好适当的度，允许孩子自己去发现应该避开什么，同时还要在孩子涉入他们不熟悉的重大危险时，使其避开不可逆转的身体伤害。

一到四岁是孩子成长的过渡期。在此期间，孩子正在发展与外界有效互动的手段，包括语言方面和非语言方面。这一时期可视为“第一个青春期”，因为青春期指的是过渡到一个更为高级发展阶段的时期。现代西方文化把青春期局限于孩子初情期之后的一段时间，然而，事实上更早一些的青春期出现在一至四岁这一阶段。

在这一时期，许多本质关系及对世界其他部分的态度已经得到确定，而确定的方式跟一岁时大为不同。孩子从出生到一岁期间，成人对待他们的方式基本上决定了他们的安全感和自信度。不过这些都是内在特征，主要关注孩子个体的心理发展。在一至四岁期间，孩子对他人或世界其他部分的根本态度才是争议的焦点。这四年是他们发展自己互动能力的时期，而且在此期间特别重要的是别人会如何做出反应。

这种情况蕴涵了许多含义。假使一个孩子正在费力地表达某个意思，不久，他会发现是否有人在注意听，在努力理解他那不完美的交流。在孩子一至四岁时，如果父母不太注意去理解孩子，孩子就会认为父母并不真心喜欢他，没有时间跟他待在一起，对他的需求不敏感（这是典型的青春期抱怨）。父母可能一直非常关注孩子的身体舒适度，甚至可能给予孩子一岁时需要的所有安全感和温暖感，但这还是弥补不了一至四岁时的其他需求。

在这一时期，不仅孩子对父母的态度大体确定了，而且孩子对大部分成人世界的态度也确定了。周围是关注他们的成人或年龄大些的孩子，这些人都在力图理解他们，生活在这样的氛围中的孩子容易发展出积极的人性观（以及自己可能做点什么的概念）。相对而言，如果处于这个年龄段的孩子被置于一个完全不同的环境中，他们极有可能发展出悲观的世界观。在他们看来，连尝试都不要去尝试，因为根本不会有人去听。这样的孩子长到四岁时，说不定就是个彻底的玩世不恭者。这话听起来很奇怪，但四岁的玩世不恭者在西方文化中可能就是常规惯例。无须对儿童做很多观察就可以证实这种看法。大部分小孩子对于自己同龄人群之外的人玩世不恭，不愿意进行任何有意义的沟通。这是所谓的代沟之根源。这种情形正是肇始于孩子一至四岁的阶段。在此期间，必须做出极大的努力防止这种事情的发生。

发展中的儿童交流系统不仅包含儿童与父母及他人的互动，还包含他们与周围世界的互动。一至四岁的孩子若有机会与外界自由地发生联系、了解外界，他们就极可能产生积极的世界观。必须允许他们毫无目的地四处走动、玩工具、去实验、摆弄食物及厨房里的锅碗瓢盆。必须允许他们犯错误，允许他们有时候洒点东西，允许他们偶尔浪费一些，允许他们打碎一些东西。孩子们犯错误时能意识到这一点，他们不会产生错觉。孩子的感觉非常灵敏，哪怕是最细微的细节也能感觉得到。认为孩子不能关注细节，这是大错特错。恰恰相反，孩子们具有关注琐事细目的惊人能力。当每样小东西都不对劲儿时，他们就极为不安。孩子弄洒了一些面粉，无疑他犯错了。如果允许这种事情发生，孩子们就会知道犯错误很正常，也是一件健康的事情，没有人会为此伤害他们。最终，他们会感觉到自己可以应对这个自然环境。相较而言，把孩子与自然环境部分地隔离开来，比如，不让他们把厨房弄乱，不让他们出去玩以免弄脏了衣服，不让干这不让做那，孩子长大后就会害怕机器，害怕大自然，害怕到户外，害怕下雨，什么都怕。过分保护孩子就把他们变成了自己环境里的陌生人。

许多人在给孩子充分自由时显得犹豫不决，因为他们担心这样做会产生浪费，可能还要破费一些。今天孩子对餐巾纸感兴趣，明天是卫生纸，后天是面粉，大后天是别的什么物品，一直这样下去，似乎他一心要把所有的东西都给毁掉。

在这种情况下，一点耐心加上独到的视角将会大有裨益。首先，过一段时间就能明显看出，孩子并不打算搞破坏，而是企图学会如何正确、安全地应对环境，这跟搞破坏恰恰相反。在学习过程中，他们会犯错误，正像成人涉入新领域时也会犯错误一样。别去管孩子。不久，他们就对一切感到自在，这时浪费就停止了。如果限制他们，他们就会愈发沮丧和愤怒，这样就埋下了真正具有破坏性的种子。

在这个年龄段，另外一个因素开始发挥作用，而且它在整个童年期都非常重要。这个因素就是仿效成人角色。所有的孩子都依赖成人来学习社会行为，至少试图模仿周围成人认为适当的社会行为。积极成人角色模型在儿童一生中的重要性再强调也不过分。不管家庭所处的社会地位如何，确实都是如此。在这一方面，富有家庭的孩子跟那些为经济和文化贫乏所困扰的家庭中的孩子是一样的。在父母或其他亲近的看护人不能充当孩子的角色模型时，如果社会想让孩子长大成人后能为社区做出积极的贡献，社会就应当弥补这一缺失。

在这一年龄阶段，有必要使事情走上正轨，因为等到孩子成熟时，他的基本态度都已确立。当然可以肯定的一点是，任何事情都可以在以后的生活中反转过来，没有什么东西是绝对的终极。然而，要反转孩子在四岁之前确立的态度，则需要在各方面——时间、注意力、金钱和接受失败率——做出巨大的努力，这要比在孩子一至四岁期间对孩子自由放养所耗费的精力大得多。当然，总是在自由放养的孩子身后收拾残局，可不是件轻而易举的事情。把一个小机器人放在游戏围栏里或一个大人可以控制的地方，不用去照管，似乎都要比这么做简单一些。但是，这些岁月里的时间投入无疑会在以后的生活中得到极大的回报，因为其产生了一个感觉得到滋养且在自己所处环境里如鱼得水的人。

学前岁月的另一个问题是依赖性。在出生到一岁期间，孩子的所有事情都依赖父母及周围的成人。没有这些人的照管，孩子就难以存活下来，因为他们不具备满足自己基本生存需求的活动性、知识或身体协调性。一至四岁的孩子正处于从依赖期到独立期的过渡期。他们强烈地渴望独立起来，但事实上，他们在很大程度上仍要依赖他人，这就是孩子和父母碰到的许多问题的源头。孩子这一边的问题是，让一个渴望独立之人去依赖别人，这最让人烦心了。在任何年龄阶段，这都让人丢脸、令人恼火。对正在成长的儿童而言，尤为如此，这是因为孩子把整个生活都集中在成熟和独立的驱动之上，每件依赖别人的事情都会让他们恼火。

结果，这个年龄段的孩子热衷于沮丧和发怒，这与其说是针对他人，不如说是针对自己以及不能做成自己想做的事情。不是说成人必须宽容不可接受的行为，而是说成人应该认识到，这种爆发其实是成熟过程不可或缺的部分。要是孩子从来不发火，他们就永远不会独立于成人的抚育和帮助而自己进行艰苦奋斗。为孩子的行为设定界限，就是在破坏其主动性与告诉他们不要干扰与自己互动之人的生活之间走钢丝。

为了让孩子在学前岁月里健康地成长，周围的成人，尤其是父母，需要有巨大的耐心。最后，在学龄前的这段时期，社会对待儿童的方式决定了它是否看重孩子长大成人之后的创造性、好奇心和相互尊重。

# 第十三章　重新审视幼儿园到十二年级

在这样的学校里，自由得到珍惜，相互尊重是常规，孩子和成人之间相处自然，学习总是与生活融为一体。

——本书作者

从我们的讨论中可以看出，人们接受教育的理想环境应包含以下特征：

● **学习是通过自我激励和自我调节进行的**。人们主动去学，应该能够学会他们渴望学习的东西，应该能够学会他们乐于努力学习的东西。他们应该自由选择学习资源、学习材料和教师（如果他们觉得有必要的话）。在理想的教育环境中，学生应该独立，应该被视为负责任的人。

● **给予所有兴趣同样的地位**。在这样的环境中，一种活动或一个科目本质上比其他活动或科目高级或更好——这是所有预先确定的课程设置的基础——这样的思想是没有位置的。所有研究领域都应该被视为同等有用的，不存在科目等级之分。

● **学习者的产出通过自我评估得到评判，这一观念包括具有寻求外部反馈的自由**。应该鼓励他们从同学当中寻求反馈并给同学提供反馈。通常，学生会欣然接受其他学生的正面或负面反馈，并据此进行自我提高。此外，在为其他学生提供反馈时，他们通常对自己手头的科目会有更多的了解。不应该让外部权威人士进行测试或分级。单单这一特点便可保证个体性和创造性在学习环境中得到极大发展。

● **根据共同兴趣组建学习小组**。不应该根据年龄、预先设定的分类或预先设想的小组最佳人数这些观念来组建学习小组。首先要确保不同年龄的学习者被分在一个小组里，就像在学习和玩耍时经常出现的情形那样，这也会带来不同年龄者一起学习所产生的益处。①

● **不对学习者和施教者进行人为的区分**。所有的人都能学

① 关于年龄自由混合对于此类环境中学习效果的论述，参见 Peter Gray and Jay Feldman，*Merrill-Palmer Quarterly*，43，1997，pp. 67－86。

习，所有的人都可以施教，学与教要依据具体环境而定。

- **学习社区的所有成员都充分参与活动的制定**。学习社区应该作为一个参与式民主政体来运行，这适合于自由民主环境中的教育环境。整个学习社区应该负责其运行的各个方面，包括制定规章制度、（通过学习社区确定并运行的公正司法系统）实施规章制度、管理财务、聘任工作人员及确定其职责。

上述特点是理想学习环境的关键因素。它们同样有效地适用于一般幼儿园至十二年级年龄阶段的孩子就读的学校以及年龄大些的学生就读的学校（大学、研究生学院、技术和职业学校、专业学习院校、研究与教学中心等）。诚然，这些特点也适用于从前许多成人学习的地方。近一段时间，我们详细探讨的社会经济因素使得孩子被视为不够格之人，需要不断对其进行指导和监督。这种状况再也没有理由继续下去了，因此早该开始改革的进程，从而把当前的教育场景转化为更接近理想状态的学习环境。

如此说来，具备这些特点的学校该是什么样子的呢？如果各个年龄段的学生能自主开展活动，形成自己的环境，自主向成人寻求自己需要的任何帮助，那么这样的学校又是什么样的呢？

我们可以想象，这样的地方活动很丰富。孩子们做自己选择做的事情，会做得非常热情、非常专注。有人在读书，有人在交谈，有人在玩耍。有人可能在暗室里冲印照片，有人可能在上舞蹈课、参加历史研讨班或者在学做木工。有人可能在制作音乐，有人可能在学法语、生物或代数。孩子们可能坐在电脑旁边，在学校办公室里做行政工作，在下棋，在彩排演出，在参加角色扮演游戏。有个小组可能在兜售自己烹制的食物，打算凑集资金购买一台新设备。在其他地方，随时可以看到学生在绘画、缝制衣服、做泥工作品。这些人快乐地做着事情，忙忙碌碌，在室内户外，一年四季，不管什么天气，都是如此。

学校可以提供具有专门功能的房间，比如可以默读、绘画、做木工、使用电脑的房间，每个房间配有必要的设施。户外有开展游戏和自行组织活动的场地，可能还有一个室内体育馆，里面备有进行锻炼和比赛的完善设施。要举行大型活动，召开全校例会，要有一间足以容纳学校全体教职员工的大厅。

学校应该全天开放，（只要学生完成了规定的出勤要求）允许学生随意出入学校。因为没有预先设定的日程安排，学生们可以自由地在自己希望从事的活动上花很多时间，还可以自由地换成别的活动。特殊活动的安排会张贴公布出来。

各个年龄段的孩子以及成人非常自然地进行交流，这一点尤为引人注目。这样的学校里弥漫着舒适、自信和忙碌的气氛。因为拥有失败而不受指责的自由，学生们往往向自己发出挑战，尽力去克服自己的缺陷。

尽管没有固定的课程设置，但这样的学校会为学生开发许多有价值的工具，这些工具对他们长大成人之后在现代世界的生活特别有用。学生将学会如何集中注意力和坚持不懈。他们将学会如何思索伦理问题。他们将学会索要自己想要的东西，并努力得到它。他们将学会如何尝试某种东西并享受成功。如果某种尝试失败了，那就再去尝试。最重要的是，他们将学会如何认识自己。

此外，在这样的学校里，学生将会为成为民主社会的公民而做好充分的准备。这是因为学校的运行就像一个参与民主制，每位学生和教师在所有决策——无论大小——上都有同样的发言权。行为准则、设施的使用、花销、职员聘任、司法程序都需经过民主的讨论和决策来决定。

简言之，在这样的学校里，自由得到珍惜，相互尊重是常规，孩子和成人之间相处自然，学习总是与生活融为一体。

事实上，如今已有几所拥有上述特点的学校，其学生从四岁的儿童一直到高中生。这些学校已经运行了 80 多年。孩子们在这样的学校里的经历以及他们后来的成年生活都被翔实地记录下来。[①] 这类学校的风格在一位毕业生的话里得到了极佳表述。这位毕业生在瑟谷学校度过了他的整个求学生活。[②]

> 我没有真正**考虑**获得教育。我不理解必须人为地"获得"教育这种思想。我认为，你生活在这个世界上，因为你每天都在学校，所以会变得愈发聪明。我认为，没有办法变得更愚笨，除非你把脑子里的东西抹掉！在我看来，这一天，你跟人谈论这一个话题，另一天，你跟人谈论另一个话题，最后你会涉及所有的话题。
>
> 局外人会问："你今天学了什么？"我们会想："我今天学了什么？你在说什么呢？"因为这不像你到图书馆，学习了一整天的事实性知识。你这是跟人聊了十几次。我们不是一个科目一个科目地学习。我们学习的方式更系统。你会做许多不同的事情，你会零星片段地学习，慢慢

① 比如，参见位于马萨诸塞州弗雷明汉的瑟谷出版社出版的大量文献，网址是 www. sudval. org。这些文献特别涉及一个创建于 1968 年的学校及以其为模式创建的"瑟谷学校"群。

② 更为详细的论述，参见"附录"部分对瑟谷学校的讨论。

就形成了更大的框架。许多时候，你并不能确切讲出这些东西从何而来。因为信息来源很多，有的来自书本，有的来自与你谈话之人，还可能来自长时间持续的经历，因此，当你学完某样东西时，你自己都说不好是如何获得这些信息的。

# 第十四章　大学经历

每个人的规则都是，不要依赖他人为其预备的教育，甚至不要赞同它，而是要努力看到事物之本相，做真正的自己。失败的原因在于自我屈从。

——伍德罗·威尔逊①

大学已经成为传统高中的延伸，而后学校教育已经成为大学教育的延伸。我们前面探讨的那些在幼儿园到十二年级阶段的所有缺陷，大学时期的教育中也同样存在。跟其早期经历一

① 伍德罗·威尔逊（Thomas Woodrow Wilson，1856—1924），美国第28任总统（1913—1921）、民主党人，领导美国参加第一次世界大战（1917），倡议建立国际联盟并提出“十四点”和平纲领（1918），获1919年诺贝尔和平奖。——译者注

样，学生在大学的经历对其个体发展、创造力、好奇心、学习欲望以及协作型学习技能的获取并没有发挥支持性作用。

大学所发挥的主要社会功能似乎是，让学生进入职场的时间再晚四年，使其可以无须作为更大成人社会的完全的成员来参与社会而继续存在。这种情况的真实程度，可以通过正在倡导大学是成功进入就业市场必不可少的先决条件这一做法得到测估。高中毕业生被告知，上不了大学会影响其就业，降低其终生的谋生能力。诚然，教育界为每个渴望接受大学教育的人提供免费大学教育的压力越来越大。我们似乎正处于与 20 世纪出现过的情况相同的过渡期，当时，免费教育的权利从小学一直扩展到高中阶段。

大学也在发挥另外一个社会功能，即为许多大学毕业生提供就业岗位。这与政府资助的机构和服务业不断扩展这一日益增长的趋势相吻合，所有此类机构和服务行业为大批大学毕业生提供就业和保障。这些毕业生从童年时代就开始待在学校，一直在学校里待了 18 年（甚至更长）。他们需要找到与学校环境基本特征相差无几的那种环境。

值得仔细重新审视的问题是：我们究竟为什么要设立大学？大学本科“自由”教育的目的为何？它跟其他形式的后高中教育有何不同？

一般而言，高中毕业的年轻人年龄在17～19岁之间。许多高中毕业生直接进入了更宏大的“现实”世界，过着心满意足的成功生活。这种情况指的不仅是那些进入商界或从事艺术业之人，还指许多进入高度复杂的高科技领域之人。但是，尽管他们许多人都十分清楚自己以后希望从事何种职业，但很多人——如果不是最多的话——尚未完成自己的成熟过程，仍在寻求对自身和生活目标的理解。有必要为这些人提供一种环境，让他们继续发展，在世界上无限广阔的兴趣领域中自由涉猎，以自己的节奏、用自己的方式去学习，也许更重要的是，去跟别人——无论老少——进行互动，通过交谈和合作的方式接触他人的知识和智慧。

大学应该关注那些对学生具有内在价值的领域，即学习起来令人愉悦的方面，而非那些实用的外在价值方面。[①] 大学本科阶段教育的目标应该是提供一种环境，让学生有机会、有闲暇时间愉快地涉猎广泛的知识领域和各种人生体验。

在大学里，学习艺术可以是因为喜欢艺术，从而能够更好

① 正如我们即将看到的那样，这些就是那个逐渐被称为“研究生教育”的教育的关注焦点。因此，打个比方，文学和历史会成为大学学习的科目，然而，要是有谁想把这两门科目的任何一门作为教学或研究的职业，就得取得业务资格，而且还得在致力于提供研究生教育的环境——大学——里工作。

地欣赏艺术。研究文学、历史、哲学或各种科学，可以纯粹是为了学习的快乐，脑子里不一定非要想着要从事哪种职业。

大学本科教育还应具备另外一种功能。它应该培养和鼓励创造性，使学生能够在一生中**继续开发学习如何学习的能力及拥有内在动力一直学习下去的能力**，目的是获得学习过程中内在的奖赏和愉悦。

不应该有入学要求（只有毕业要求，而这也是在学生需要某一领域的资格证明时才有）。

这样一种环境应该提供一种理想的氛围，年轻人可以在其中完成自己的成熟过程，可以发现自己的长处、弱点、爱好、兴趣，并最终发现命运。向所有想体验大学教育的人开放，关注个体实现，而非关注具体的职业发展，大学本科院校所应具备的正是这样一种环境。感觉自己可以离开大学的学生，要么最终准备好了直接投身现实世界，要么准备好了在某一领域继续获取专门技能，获取从事该领域工作的资格。

相较而言，研究生教育的作用是培养实践者，即善于实践之人。实践是只有通过参与活动才可以学到知识的活动。然而，这样的学习只有通过读书和倾听才可以得到极大的巩固和补充。这样的例子有医学、法律和建筑，还有教书或进行研究。正是研究生教育的这一特点才决定了它应具有的许多特性，也正是这一特点才把它与本科教育区分开来。

实践是教不来的，必须亲自从事实践活动才可以学到。通过实践进行的学习，不能被组织成科目、课程、学期及其他离散的单元，也不能采用强迫的手段施加在学生身上。

基于实践基础之上的研究生项目应该把它所有的股东都考虑在内。打个比方，在医学领域，患者及其家属、保险商、医生、护士、技术人员及服务人员都是其股东。只有从事实践，才可以意识到所有这些股东的存在、渴望和需求，并对此心存感激。

实践并不解决连续的独立（单独）问题。实践应对的问题是相互关联的，其解决方案是相互依赖的。现实包含许多套相互作用的问题，即我们称为“混乱一团”的问题系统。上文提到，问题是通过分析从现实中抽取的抽象概念。因此，实践教育应该发展并应用能够从整体上解决系统的问题的方法论。因为混杂在一起的东西非常复杂，这就要求具有应对复杂性的能力。运用在实践中能设计的方法去应对复杂性，要比在教室里或研究机构中采用学术的方法应对它容易得多，比如设计一幢摩天大楼这种实践就说明了这一点。在实践中应对复杂性不要求具备复杂性**理论**，设计就可以做到这一点。

为了避免生产出一个模子里的研究生，进入研究生项目不应该设定任何先决条件。但是，离校应该有要求，这是为了证明他们具有在既定领域高效且负责地工作的能力。进校学生的多样化增加了学生之间相互学习的机会，尤其是学习那些跟本人实践没有直接关联的科目。为了进一步增大这种多样性，学生应该不受“要求”的限制而自行设计自己的教育项目。他们应该有条件利用自己需要的任何学习资源。他们的设计应该由经验丰富的实践者进行审评。项目工作人员应该让学生知晓在该领域高效实践所需要的信息、知识和理解力，还要让他们知晓什么东西可有可无，但有了会更好一些。

在设计项目时，学生可能会、也可能不会用到项目工作人员提供的信息。但是，在他们提交设计进行审评时，应该要求他们对自己选择的活动、课题及学习方法进行答辩。

一般而言，实践涉及服务接受者（比如客户）时，这些人应该包含在学生的全部实践中。[①] 客户应该有权利拒绝任何希望为之服务的学生。客户或其代表应该为自己接受的服务支付费用。这样做非常有必要，可以让实践足够真实，从而使许多学习得以进行，而且可以确保客户给予实践者必要的支持。通过这种方法得来的收入，可以用于支撑正在进行的项目以及为

---

① 学生不应该在无人督导的情况下影响客户。

学生提供助学金。

基层研究小组可以围绕实践以及从事项目所关注职业的从业情况来进行组织。学生可以与一位或多位教员自行组织基层研究小组，目的是让他们意识到在实践中能学到哪些东西以及学会如何有效地与人交流。

研究生项目应该由学生、教员和支持人员共同管理，每个人都有一票投票权（“全体委员会”①）。在筛选、保留和辞退教员方面，应该征求他们的意见。

任何项目的所有教员都应具有同样的级别和职称。这是为了使每个项目都成为一个无阶层的社会，这也将减少当前占用大学许多教工许多时间的内部政治花招。不应该给教员提供终身教职，因为这种做法保护的是不称职现象，而非学术自由气氛。更重要的是，依赖为此目的建立起来的委员会要比终身教职更能确保学术自由。

全体委员会应该制定规章制度，对每个项目的所有阶段实施管理。该委员会还应该确定一套包括研究生项目所有成员的司法程序，目的是确保规章制度得到正确公正的实施。司法程

---

① 全体委员会（Committee of the Whole），由立法团体全部成员参加的委员会，形式比较随便。——译者注

序应该包含明确的规定，以保证研究生项目所有成员的学术自由。

在现有的大部分学术机构里，办公室布置得活像和尚的小室。教员的隐私和不可接近程度达到最大化，而教员之间及他们与学生之间的随意互动则降至最小。然而，这样的随意互动对于教员和学生都可能是极有价值的学习经历。

相反，应该把教员和学生的设施置于开放的空间里，这样他们相互之间的交流就非常便利。此外，各色各样的小型分隔房间（用于小组学习或交谈）、会议室、休息室、电脑房、办公设备室以及礼堂，都应该是所有研究生项目设施的一部分。

我们当中有一位（注册景观设计师）的经历表明了一种极为不同的研究生教育方法的可能性。

> 有一天，两名来自欠发达国家——秘鲁和巴西——的学生来找我，要求项目中开设欠发达国家发展计划的相关课程。他们说，五位教员已经为此类国家做过这样的计划。学生还说，有 13 位学生来自欠发达国家，他们都对这门课程感兴趣。我告诉这两位代表，我们会安排这门课程，但得由这 13 名学生施教。
>
> 听了这话，学生很震惊。他们问道："那谁当学生呢？"我回答说是那五位教员。他们接着说，这些教员对

> 这个话题已经有很多了解了。那好，我告诉他们先看看那五位教员都知道些什么，然后再为他们安排一门课。学生接着问能否像通常对学生的要求那样，教员要交作业，按时来上课。我向他们保证，只要这门课程让教员觉得投入的时间值得，他们都会是好学生。
>
> 学生要求用一个学期的时间备课。这门课就这样交给了他们。接下来的课是由13名学生来上的，每位学生讲了他/她所在国家的发展计划。这是我听过的最出色的课程之一。
>
> 那位课程组织者后来成了世界银行的主要规划者，之后在自己的国家秘鲁也充当了类似角色。他的“副手”成了巴西一个大州的主要规划者。其他学生在毕业之后也积极投身于本国发展计划的制订上。他们通过自己施教而非受教学到了足够的东西，从而能够做到上述事情。

也许“研究生教育”这一称谓本身就是一个糟糕的选择，应该使用一个更为精确的名称来描述高级学校的作用。这类高级学校的目的是为各行各业培养合格的从业者。进入这样的学校的学生应该具有在自己所选领域从事职业的明确目的，并获得达到该职业入门水平所需要的理论培训和实践培训。

现代社会一个具有重大意义的新特点还不太为人注意，即由于人均寿命的增长和更为便利的培训设施，人们在一生中有更多的机会从事各种职业。尽管终身职业无疑会继续存在，对那些具有专注职业感的人尤为如此；但我们可以期待越来越多的人在一生中经历几次职业转换。因此，在为专门化职业做准备的培训学校里，可以日益看到不同年龄阶段的人申请入学和获得证书。

这意味着，已经从事过一个（甚至多个）职业的人若想换工作，他们就会到这样的学校来学习。因此，这样的学校就充当了"再培训"机构。阿尔贝特·施韦策[①]在做了多年的欧洲主要管风琴家之后，在三十四五岁时成为医生，在非洲担任传教医师。阿尔贝特·施韦策的情况将不再被视为特殊个例，而将成为一种更现代的职业范式原型。这是兴趣不断转换的职业范式，它紧随着接二连三的专业化教育浪潮而来。

教育的新图景也允许年轻人——刚刚毕业的高中生——直接进入"研究生教育"，而无须再经过大学四年（或者上大学之后的几年）的成熟期和专注期。允许学生直接从高中进入设置多年医学学习项目的学校，就是这一方法的先驱。这样的学

① 阿尔贝特·施韦策（Albert Schweitzer，1875—1965），德国神学家、哲学家、管风琴家，赤道非洲传教医师，获 1952 年诺贝尔和平奖，著有《文化哲学》、《使徒保罗的奥秘》等。——译者注

校和项目现在仍然少见，但是，当大学和“研究生学院”的不同功能最终被理清并区分开来时，这样的学校和项目可能就会成为常规惯例。

# 第十五章　教育和工作生活

教育的主要目的……应该是塑造能够做全新事情之人，而不仅仅是重复前人做过的事情之人；应该是塑造具有创造力和擅长发明之人，应该是塑造具有批判能力的发现者，可以证实而不是全盘接受给他们提供的东西。

——让·皮亚杰[①]

由于新知识的迅速发展和旧知识的快速过时，已过学龄期的成人对继续教育的渴望日益强烈。这种状况是出于以下两个原因之一（或两种原因兼而有之）：要么是为了保持或增强其

---

① 让·皮亚杰（Jean Piaget，1896—1980），瑞士心理学家，日内瓦心理学派创始人，提出了“发生认识论”，在国际心理学界有很大影响，主要著作有《儿童的语言和思维》、《发生认识论》等。——译者注

工作能力，要么是为学习而学习，视学习本身为目的及个人满足感的来源。下面我们逐个探讨一下这两个方面。

工作了的大部分人都需要偶尔“翻新一下旧材料”。用于更新和改善工作表现的学习时间比例必定会越来越大。因此，工作和学习之间的区别将会变得越来越不重要。学习将成为工作的一部分，工作也将成为学习的一部分。

这一点在当前把知识作为组织性资源而对其产生的越来越大的兴趣上得到了很好的体现。公司已经成为主要的教育机构。诚然，在公司里进行的教育极有可能比在学校里还要多。教育机构也提供一些所需要的继续教育，但不一定是在校园里面，大部分可能是在工作地点或非教育性组织经营的教育机构里进行。

当前做法的主要弊端在于，把有大量经验的人视为幼稚的初学者，极少——要是有的话——汲取他们的经验。应该采取一种极为不同的方式界定这类教育的理念，而不能像对待没有在现实世界中实践过的学生那样对待这些人。

参加继续教育项目的人应该成为项目的积极贡献者，而非信息和知识的消极接受者。他们应该有充分的机会与其他参加者交流自己的所知所感。他们应该能够就自己的所知交流心得体会，并且相信自己需要学习。

课堂材料应该总是把“那又怎么样”的讨论与讲课内容的相关应用实例结合起来。对于上课的学生而言，讲课内容在现实中的成功应用最具说服力。如果能够去应用这些讲课内容的地方看看，将会更加有益。

大学、职业学校和技术学校以及商界应该为那些希望了解某一特定领域最新发展的人提供该领域的“胜任力维持课程”。这些课程会不断调查选定领域的发展状况，定期向这些人报告，并附上获取更多详细信息的出处列表。在互联网上，已经有人自发地提供了这样的课程。随着时间的推移，我们可以预见，借助个体专家或为此目的而筹建的小组提供的帮助，更多此类课程将会出现。

为了学习而学习，而与工作无关，纯粹是消遣性的学习，这种情形将会在接下来的几十年里得到发展。在这里，互联网也发挥着关键的核心作用。高速互联网加上高端的计算机程序，将会把越来越多的人联系起来，也把他们与人类文化中积累的智慧和知识联系起来。此外，在可能的时候，大学应该向完成学业的成人扩展学习其课程的便利性，而不应要求入学条件。目前，这种便利性可以在晚班课程或日班延伸课程中看到。另外，在许多不同地方，如博物馆、图书馆、社区中心和宗教机构，也可以看到这种课程的便利性。

学习新东西并有学习新东西的动力，要做到这一点，一个极为有效的办法是进行讨论。正是通过讨论，人们才意识到自己对一个话题或问题的看法，意识到他人对自己看法的看法。因此，应该给人们提供机会来组建小组，即“学习屋”，让他们会面并讨论所选择的话题。可以事先分发阅读材料或其他材料，作为即将展开的讨论的核心内容。可以邀请包括专家在内的来访者，让他们向小组提供资料或者表达对所讨论问题的看法。这些讨论可以是非正式的，也可以带上午餐（甚至棕色纸袋午餐[①]），或者晚上在小组成员家里进行。

随着时间的推移，每位成员会逐渐意识到小组其他成员的兴趣。他们会急切地让自己认为小组其他成员可能感兴趣的材料进入这些人的视野。让别人致力于使自己了解到最新的相关进展，这是获取最新信息的最佳渠道。

除了那些致力于培训具体技能的机构，公司、非营利组织、研究院及其他目标导向的机构也有相当多的刺激因素来鼓励其在教育方面进行尝试。但令人遗憾的是，这种教育往往被视为与其主要体制性使命不甚相干。公司若致力于生产产品或

---

① 棕色纸袋午餐（brown-bag lunch），放在棕色纸袋内的简易午饭，源于瓶装酒常用棕色纸袋包装携带。——译者注

提供服务，它就倾向于直接把注意力集中在其本质功能方面，而不会在那些毫不相干、似乎微不足道的活动上面“浪费时间或金钱”。

现代社会的经济状况已经极大地改变了工作单位的现实情形。技术熟练的工人和技术不熟练的工人都有极大的流动性，这使得人们换单位、换工作更为容易。现在要比以往任何时候都更需要找到办法，来保持一个团队的运行，使每个层次的员工都对自己的现状感到满意。而且，人类活动的每个方面都发生着接连不断的快速变化，这要求每个机构都灵活机动，对文化环境的变化做出回应。更重要的是，要具备创造性。有什么能比为全体职员营造一个更具滋养性和更善解人意的环境更有效果的呢？在这样的环境中，人们觉得自在，感觉自己有价值、有权利，认为自己作为个体受到了重视。

在一心要获得或留住雇员的机构那儿，这个原因我们越来越多地听到，说的是要提供儿童保育、健身设施及其他类似便利以及各种各样的健康和退休福利。获得学习和自由交流机会的便利性将愈发具有重要的意义。

因为大多数雇员都愿意而且能够确定自身探索和学习的日程，因此应该给他们充足的条件接触最新的交流手段和信息检索手段。应该给他们提供空间进行非正式会面，提供安静的房间进行阅读和学习。应该鼓励他们邀请专家，对那些与其日常工作并不直接相关的领域进行讨论和交流。

一个有趣的现象正在发生并产生作用，它与同工作相关的不断学习和为了学习而学习都有关系。人们越容易获取学习信息，对其来源的要求就会越高。CD、VCD、互联网、人与人之间的多媒体互动、廉价且易得到的复印材料，所有这一切都会让公众要求更多，他们要求更高的质量、更大的相关性、更具深度的信息、知识、理解和智慧。供应创造需求。我们可以预见一个时代的到来，到那时，每个人实际上都既是学习者又是学习的促进者，这种学习对每个人都是开放的。在这样的环境里，周围的文化成为每个人都能从中受益的终身继续教育的源泉。

# 第十六章　退而不“休”

如果在教育机会的获取方面不做年龄区分，那么人们在融入社会结构的程度上就不会再有年龄的区分。

——本书作者

工业化时代对处于人类年龄范围两端的人都造成了严重的破坏。正如儿童被剥夺了积极参与社会生活的权利一样，老年人也被撂在一边，偏离了社会的主流。在过去，年老一直被尊崇为积累起来的智慧宝库，现在则开始被认为是过时的象征，对社会或其文化不具有什么价值。

由于后工业化时代的这种社会文化背景，为“老年人”遭受的不幸待遇所提供的一切理由都变得形同虚设。由于人均寿命的不断增长，人们可以完全参与社会知识和生产活动的年龄上限已不复存在。产生这种状况的原因是两大重要的发展。

第一个发展是信息交换和检索的速度以及便利性的巨大提高。这使得原则上各地的人都可以有无穷无尽的学习、与人互动和自我发展的机会。我们在第十五章“教育和工作生活”中谈到的所有教育模式，不仅仅适用于工作的人，也适用于接受正规教育的任何年龄段的人。事实上，我们上一章所有的内容都不设年龄上限。

第二个发展与现代经济状况不断变化的本质有关。一年年过去了，在经济社会中形成新职位的障碍越来越小，这样人们就能更加多产，满足新近出现的欲望和需求，产生收入。[1] 此外，商界、中小学、大学、专业群体、贸易界、研究院以及非营利慈善组织都发现，老年人的经验是无价的资源，开发这一资源极为值得。

当你到了通常认为的“退休年龄”时，不再有必要“退休”。诚然，在人类历史上的大部分时间，退休年龄这一概念并不存在，因此它极有可能成为一个稀奇古怪年代的遗俗，将来的几代人会视其为在所谓的发达经济中存活几百年的怪物。

---

① 对这一话题的详细讨论，参见可读性极强的《长尾理论》，作者是克里斯·安德森（*The Long Tail*：*Why the Future of Business Is Selling Less of More*，New York：Hyperion，2006）。

终身学习是这一大受欢迎的人类境况发展的关键因素。更确切地说或许是，这种欢迎回归了古老的珍惜老年人的做法！如果在教育机会的获取方面不做年龄区分，那么人们在融入社会结构的程度上就不会再有年龄的区分。

# 第四部分

# 附记：理想的学校

# 附录 1　资助理想的学校

根据其组成部分的需求和愿望，理想学校有所不同。然而，这样的学校都具有一些关键特征。所有的理想学校都致力于鼓励每位学生最大限度地实现其抱负。所有的理想学校都提供这样一种环境，让学生确定自己的目标，学生都具有内在动力，为实现自己的目标而学习；学生具有自由的支配权，以自己希望的方式和速度（独立以及与他人合作）进行学习。所有的理想学校都是自治的社会，所有的股东都拥有完全的发言权，决定学校运行的各个方面——规章制度、财政、人事及行政管理。

理想学校代表着教育的非中心化以及把每个人一生教育的责任移交给这个人。从《宪法》上讲，更大的社会——国家、州——的义务是为每位个体的终身追求提供支持，并在每个人的年轻时代为这一追求提供资助。“年轻”的程度是一个不断发展的概念。最初，由各州资助的大众学校出现时，提供的是六年制的义务教育，通常从孩子六七岁时开始。当前，由各州提供经济资助的起始年龄有下降的趋势，从孩子三四岁时就已开始。现在有许多议论说要把资助年限拉长，超出盛行的十二年制小学、初中和高中教育，一直延续到为希望学习者提供四年或更长一些的后高中教育。①

到目前为止，各州对教育进行资助已经引发了各州对教育的控制。各州——在二三十年前还包括联邦政府——都直接介入学校事无巨细的所有运作之中，从课程设置到测试、教师资格、规定特殊需求以及教学设施等，无一例外。地方校区拥有处理权限的活动范围极大地缩小了，每个公立学校的行动自由几乎都被消除得一干二净。即使是迄今为止拥有相当大宽容度的私立学校，也在日益受到政府的控制。

本书探讨的理想学校是基于以下前提的：每个学校都是自治的社会，对其所做的限制条款主要由该社会的集体决策和外界的现实加以界定。② 然而，消除各州或者其他外在力量对于

① 许多社区采用社区大学的办法，已经使教育普及到高中以上的水平，这些社区大学收取的学费最低。

② 比如，学校社区必须遵守其所处社区的一般法规，不能赦免那些违法乱纪行为。而且，培养实践者的研究生学院必须跟校外的客户人群保持联系，确保培养出来的学生符合外界职业实践的专业要求。

这些学校教育功能的控制，却不能消除各州根据《宪法》支持每位儿童受教育的义务。对于理想学校运行极为重要的问题是：这些由州资助的学校如何维持其正常运作所需的自主权呢？

回答这一问题的关键点在于“教育券”[①] 这一概念。几十年来，人们以各种形式对这个概念进行过讨论。我们认为，依据以下原则设计的教育券制将为理想学校提供充分的支持，将会驳倒迄今为止提出的有关教育券制的许多异议。

● **谁将得到教育券？**

学龄儿童（教育券持有者）的父母或监护人每年会收到为每位孩子提供的一张教育券供其入学。这张教育券将直接发放给到了法定入学年龄的儿童。[②]

● **教育券有何价值？**

教育券制开始实施时，教育券的价值相当于每位学生的平

---

① 教育券（voucher）是政府发放的券证，父母可以用来为孩子选择的学校支付学费，而不必进入政府安排的学校就读。在美国，这一券证最早始于佛蒙特州（1869）和缅因州（1873）。20世纪80年代，里根政府积极推行教育券制。布什政府继续推行这一运动，2002年签署法案《不让一个孩子掉队》（*The No Child Left Behind Act*，NCLB）。——译者注

② “儿童”的界定，即从几岁起到几岁止的孩子才可以得到教育券，必须由每个州的公民决定，因为他们将为整个项目付账。

均花费。平均花费指的是学生人均花费最高的州里十个校区的平均数。① 这一点可以确保，从一开始，每位孩子享受的教育质量不会遭到批评，说州里提供的资金不足以维持这一项目。

● **教育券有何用途？**

父母可以使用这些教育券支付他们所选择并接纳孩子入学的学校的学费（见上）。尤其是，一些父母可以联合起来，使用这些教育券为孩子创建一所学校，前提是建立的学校不能隶属于宗教组织，不提供宗教性教学。②

● **要求学校作何汇报？**

要求所有接收持教育券学生的学校备好财务报告，这些报告要符合公认会计原则，并让公众可以方便看到。而且，还要求每个此类学校公开其教育项目的架构以及实现这一架构的方式。③

---

① 在计算这一数字时，有必要把常规运行预算中不作为每位学生花费一部分的成本核算在内，比如，拨款机构为某个项目提供的资助以及政府部门提供的资助（如保险、法律费用等）。

② 这一限制性条款对于保护项目符合《宪法》精神非常重要。但是，只要学校不灌输宗教信仰的内容，就不会禁止其进行神学方面的一般性教学。

③ 可以预料，这些方式将会很快通过互联网开发出来，获得公众对于各种学校表现的反馈信息。关于各种理想学校优缺点的热烈讨论可能会成为常规惯例，将会极大地有助于为这些学校提供一个“开放的市场”。这会成为一个无价的工具，用来最终从秸秆中扬出小麦来。

### ● 学校如何得到资助?

学校的财政有两大块，即经营费用和资本性支出。公立学校和私立学校的区别是，对公立学校而言，教育券提供的是学校经营的唯一收入来源。(这就意味着，首先，学校要是不能吸引足够的学生来入学，或者找不到机制来控制其花销，这样的学校就存活不下来。)但是，私立学校可以收取比教育券价值高得多的学费。这一差额需由被学校录取的学生的家长来填补。①

总的来说，每个学校将负责管理自己的经营预算。这就意味着每个学校尤其要控制聘用的教职员工的数量及薪酬。通常会计核算的花销一般被视为经营预算的一部分，比如采购办公设备等。

关于与全部设备花费直接相关的资本性支出，每个学校在刚建立时，要和现有地方政府和州政府协商采购有形设备。在许多情况下，在把学校体制转化为非集中管理的理想学校时，要有把现有学校建筑转给一个或多个新建学校的条款。但是，

---

① 任何学校的股东只要愿意，都可以自由地掏腰包提供额外的资金以帮助学校运营，也可以自由地开展筹资活动以补充学校的资金来源。也许，对大部分接受教育券的学校而言，理智的做法是合并成非营利慈善组织，从而获取免税资助的资格。

一般而言，导致政府额外花销的资本性支出——无论是直接补助还是发行学校债券——都要由各级政府来决定或由全体公民来投票。

- **什么样的学校入学要求适用于持有教育券的孩子？**

父母和孩子应该享有选择学校的自由。原则上，学校应该接受希望来这里上学的每个孩子。但是，有三种例外情况。

如果学校的课程设计要求学生具备某种专门技术或能力（比如，一所主要培养学生跳舞技能的学校），录取的人可能要限于符合课程设计最低要求的申请者。如果报名的学生中符合条件者比学校录取的人数多，那么要抽签决定被录取者。[①]

如果学校的硬件设备不允许招收所有申请者，那么要抽签决定被录取者。硬件设备的容纳力要由负责楼房安全的政府部门结合课堂设计所确定的空间要求来确定。

- **上下学的交通费用怎么办？**

普遍公认的是，公立学校必须提供所有学生上学、放学产生的交通费用，前提是学生的住处比学校规定的距离要远。相关政府部门要通过其认为最高效、最具成本效益的机制持续做到这一点。

---

① 特别是，希望接受教育券的私立学校必须符合这一条件。

- **有特殊需求的学生怎么办？**

任何体面的社会都会照顾那些由于并非自己的过失而造成缺陷因而需要特别关注的不幸孩子。由理想学校组成的教育体制必定包括那些面向有特殊需求的孩子的学校，提供能充分支付这些孩子所需服务的教育券。

但是，这已经成为当今教育环境中普遍存在的一个棘手问题。被识别为具有特殊需求的孩子的数量一下子激增起来，这一点可直接追溯到几个群体的共同行为。在目前的情况下，这一数量的不断增大满足了这几个群体的自身利益。

这一情形的出现，主要是因为“有特殊需求的学生”可以免于参加标准化测试或者可以得到常规测试框架之外的服务，而且教师和管理者的声誉、财政资助和薪水取决于优良的考试成绩，因而他们对通过常规测试淘汰学习成绩差或者破坏课堂纪律的学生有着直接的兴趣。要做到这一点，只消给这样的学生贴上有特殊需求的标签，然后制造出一个数量永远在增加的“学生能力缺陷”表单，来为这一标签提供借口。

此外，因为需要大量各式各样的专门人员去应对具有特殊需求的学生，比如心理学家、辅导教师、各种各样的教学专家、治疗专家、社会工作者和医生，此类学生人数的增加就为这些不同领域提供了越来越多的就业机会。这就创造了更多项目需求来培养这些人员，以及相关的其他需求。医药公司也极有兴趣开发“药物”，从而“治疗”或“减轻”已被确定的各类学习能力缺陷。

只要识别特殊需求学生的人是因这类学生人数增多而受益之人，那么社会就没有办法解决这类标签引发的越来越高的成本。这些不仅仅是以极其昂贵的服务这一形式出现的经济成本，主要还是人力成本。人力成本的产生在于这种状况削弱了我们学校里大部分孩子的自信心，破坏了他们的自我形象。如果社会继续允许这么多孩子普遍堕落下去，那么它将会承担人类潜能方面付出的越来越大的高昂代价。

通过教育券的办法资助理想学校，可能是此类学校出现、得到许可去发展并从自身错误中学习的唯一办法。集中的控制不适合鼓励革新和创造性的解决方案。我们一直在探讨的理想化设计的核心是，它使学校的运行免于被集中控制。教育券使学校摆脱财政方面的集中控制，这是完成教育非集中化的关键一步，而后者是把理想化学校的幻想转变为现实的先决条件。

# 附录 2　瑟谷学校

## 筹建学校

构想一所理想的学校是摆在瑟谷学校筹建者面前的任务。1965 年初，他们就根据基本原则开始设计一种教育环境，从而考察教育究竟为何以及如何才能更好地开展起来。筹建小组成员的背景多种多样，包括学术界、公立学校、私立学校、专业界、贸易、艺术及家政方面的人士。在开办这个项目之前，这些人几乎互不相识。他们通过通常的网络渠道联系起来。他们出于不同的动机参与这一项目。有人的孩子该上学了，但不愿让他们进入传统学校学习。有人一直在传统学校教书，意识到了本书中谈到的传统学校的许多缺失。还有人在反思自己的求学生涯，认为它对自己的发展有害无益。①

每个人都坚信同样的一些基本原则，即学习不依赖于施教，而依赖于学习者自我激励的好奇心和自动开始的行动；从本性上讲，所有的人都是学习者，儿童是最勤奋、最高效的学习者；期望孩子长大成人之后成为自由民主体制中有力量的公民，其生活环境本身必须是民主的环境，孩子在其中能享受到与成人相同的权利；蕴涵这种环境的学校不能在其地盘内包容专制的独裁主义。本书的正文部分已经对这些原则进行了广泛的探讨。②

由于命运的幸运巧合，在马萨诸塞州的弗雷明汉镇建立起了这样一所学校。马萨诸塞州授权给地方学校，让它们负责批准其城镇里建立的私立学校。因此，跟大部分州的情况不一样，这里的私立学校不受州政府的控制。这种局面容许极其多样化的各具特色的私立学校存在，每个学校都有自己的一套目标和经营方法。

因此，一所学校的创建取决于两个关键因素：筹建者清晰

---

① 关于该校创建的详细描述，参见 *Announcing a New School*，Framingham，MA：Sudbury Valley School Press，1973，2007。

② 瑟谷出版社已出版大量文献，从各个方面阐述了学校的基本原则及实践中实现的目标。关于完整的目录，可访问学校网站 www.sudval.org 的“Bookstore”页面链接。

阐明该使命的能力及其向地方官员表述该使命蕴涵的价值的技巧。因为任何私立学校的孩子都是来自那些自愿让孩子学习这些课程的家庭，一般而言，地方当局比较支持新型私立学校的主动性，因为与希望成为一个新生学校一部分的当地人产生摩擦对他们并没有好处。

瑟谷学校的创建者在这两个方面投入了大量精力。他们通过著述、媒体、公共讲座和小组会议的形式阐明了学校的哲学和观念，加强与地方政府的合作，使得学校获准于 1968 年开始运作。

从一开始，这所学校面临的最大挑战就是找到一种办法，使学校自己阐明的样子与局外人（比如潜在的入学者及其父母）所理解的这种学校的样子之间的差距（这确实相差很大）得以沟通。由于瑟谷学校所代表的这类学校——在本书里被描述为理想学校——跟目前普遍为人接受并被称为“学校”的院校存在巨大的差异，瑟谷学校使用的每个用来描述自身的字句实际上都被公众所误解。比如，“学生选择自己希望参与的活动的自由”这样一个看似简单的短语，通常被理解为“从各种课程——学生决定要选的课程——当中做出选择的自由”。大部分人想象不出“活动”这一词语可能包括诸如玩耍、谈话、看电视、做视频游戏、远足、骑独轮自行车等非正统、不像学校里会出现的活动。考虑到实质上传统教育方法对“教育”实践的专制，这也不能怪他们。①

然而，显而易见的是，世界各地有越来越多的人正在接触到瑟谷学校的运作机制。瑟谷出版社的出版物已被译成多种语言。自20世纪90年代初开始，依照类似原则运作的许多学校在美国及其他国家建立了起来。这些国家遍及世界各地，如澳大利亚、比利时、加拿大、丹麦、德国、以色列、日本和荷兰，而且正在努力筹建此类学校的群体数量也在逐年上升。

## 学校的样子

如何把原则运用到实践中去？米姆西·萨多夫斯基是瑟谷学校的成员，也是在学校成立40年后依旧在此工作的四位创

① 有一个特别有趣的例子，可以看到学校里的孩子对这一意义二分法的反应，这是一位学生的回忆：“我们知道自己在一个特殊的地方。我们意识到了这个地方跟别的地方不一样，但我们当时常常在学校里玩‘学校’！尽管我们都忙极了，但我们还是挤出时间玩这个游戏。我们上课，我们休息，我们把听到的公立学校的形象表演出来。桑德拉了解公立学校，露西娅也了解。我和桑德拉是学生，露西娅是老师。实际上，早在我还不识字的时候，露西娅就让我摹写字母，教会了我写字。我会模仿她的笔迹。也许这个游戏要用一个小时的时间，然后我们再回到自己的活动中，回到我们发狂般的忙碌日子。”诚然，学校创建者几十年来考察学校里的孩子，改变了他们对于**玩耍**一词意义的看法。

建者之一。他是这样描述学校的形象的：[1]

> 学校是什么样的呢？首先，我说一下概况。学校招收四岁以上的孩子。尽管大部分学生是19岁或再小一些，但年龄多大都可以入学。不管多大年纪，学校里每个人都在做自己想做的事情。通常，这意味着有些人跟别人合作，这些人的年龄可能会相差很大；而有些人独自做事情。这意味着大部分人在做其他大部分学校里的学生不会做的事情，有些人在做其他学校学生也做的事情，但具有超乎寻常的热情，注意力特别集中。这更意味着，孩子在教成人，而非成人在教孩子。这其实意味着，人们在学习，但却没有意识到自己正在"学习"。做自己选择的事情是常见的主题，学习是副产品。学校首先是学生自由听从内心召唤的地方。他们可以自由地去做人们有时间时都会做、也最令人满意的事情——玩耍。玩耍是瑟谷学校最严肃的追求。有些人玩游戏，有些人在玩我们这些受过更多传统教育的人感觉更自在的东西——写作、艺术、数学、音乐。在瑟谷学校，我们内心十分清楚的是，做你想

---

① "A School for Today," in *The Sudbury Valley School Experience*, *3rd ed*, Framingham, MA: Sudbury Valley School Press, 1992, p. 209.

做的事情最重要！我们没有课程设置，不会认为这种探索比那种探索重要。我们这种感觉很踏实，因为我们经常看到人们在玩越来越尖端的“游戏”，探索得越来越深入，不断扩展自己对世界的了解，增强在世上管理自身的能力。

经常玩的孩子不在学习和玩耍之间人为地划分界限。事实上，你若是没有看到那个地方的快乐，那种通常相当于追求业余爱好时的快乐，就可能会说他们是在不断地学习。

我想谈一下把个体性激发到如此程度的这种氛围的其他方面。

学校里活动很多。房间有大有小，许多是具备特殊功能的房间，比如商店和实验室，但大部分装饰得像家里寒酸的客厅或餐厅，摆放许多沙发、安乐椅和桌子。许多人围坐在一起谈话、阅读、玩游戏。跟突如其来的美丽雪天或者温暖的春日或秋日十分不同，在一般的雨天，大部分人待在室内。但也有相当一些人待在外边的雨中，然后回到屋里，浑身上下滴着水，要考验一下屋子里认为学校也许应该是“干燥地带”的人的耐心。也有些人在摄影实验室里冲洗或打印自己拍摄的照片。还可能有空手道课，可能只不过是有些人在舞蹈室的毯子上玩。有人可能在一边做书架或做链子盔甲，一边讨论中世纪史。几乎肯定有几个人在单独或是一起制作某种音乐，还有些人在听音乐。你会发现一组一组的成年人，里面还有孩子，也许他们只是在跟一个学生交谈。要是没有人在某个地方玩电脑游戏或下棋，那真是怪了。有些人在办公室里做学校的行政管理工作，有些人则围在旁边，只是享受一下办公室里有趣之人总是弄出点什么事的那种氛围。有人在玩角色互换游戏，还有人可能在彩排话剧，可能是原创的，也可能是经典话剧。他们可能打算排演出来，也可能只是为了一时的好玩。有人在买卖粘贴画或午餐。可能有人在兜售东西。要是幸运的话，有人会把自己在家烤制的饼干拿过来挣点钱。有些时候，一群孩子做了饭菜拿来卖，凑点资金好举办活动，也许他们需要买一个新窑炉，或是想去旅行。在抽烟区，也许一场激烈的谈话正热火朝天地进行着，其他地方也有类似的交谈。厨房里有一组人可能在做饭——也许在做比萨饼或苹果派。在艺术室里，他们可能在缝纫、绘画，有些人极有可能在做泥工，要么使用机器，要么是手工制作。总是有些小组在谈论事情，到处都可以看到有人在安静地读书。

关于瑟谷学校，大多数成年人首先注意到的一点就是人们交流时的轻松自如。不管多大年龄，人们都直视对方，相互之间非常体贴和关心，没有什么恐惧感。有一种令人坦然自在的自信气氛，这种自信在追求自己设定目标之人身上通常都可以看到。（在局外人看来）场面总是不太安静，有一种要耗尽精力的热烈气氛，但活动并不杂乱无章或狂暴激烈。来访者谈到，尽管这里充满明显的热情，但能感觉到其中蕴涵着某种秩序。

瑟谷学校的学生正在“做自然而来之事”。但他们不一定选择去做来得容易之事。仔细观察一下就会发现，每个人都在挑战自己。每个孩子都强烈地意识到了自己的长项和弱点，而且很可能尽最大努力克服自己的弱点。如果他们的弱点是在社交方面，那么他们极不可能拿本书安静地待在房间里。如果体育对他们很难，他们就有可能在户外打篮球。伴随热情奔放的精神头，还有一种潜在的严肃。就连六岁的孩子都知道，他们自己——只有自己——要为自己的教育负责。他们获得的最大馈赠就是信任，心里明白这种礼物是极大的快乐，同样也是极大的责任。他们强烈地意识到，几乎在世界上任何其他地方，年轻人都没有这么多的自由或这么多的责任。然而，成长过程中承担这一责任有助于在很早的时候就形成对自己能力的自信，正如一位毕业生所言，你得到了一个“成就记录”。自我激励从来不是问题。这就是全部。一位从前的学生这样描述其中一些效果：

“在我个人看来，瑟谷学校有许多东西可以塑造你的性格。这些东西也许使你学得更好，公立学校的学生永远不会有机会得到这些东西。当你为自己的时间负责并按照自己的方式使用时间时，你会把更多的热情投入到自己想做的事情之中，而不会成为被人塑造、受人督促朝某一方向发展的懒散笨拙之人。你按照自己希望的方式结束时，你知道自己一直在为此承担责任。我认为，这比你按照其他人希望的方式结束所得到的回报要大得多。”

学校里都是什么样的孩子呢？是按照创造性、智力或者其他某种标准挑选出来的吗？这是个私立学校，是否意味着只对那些富家子弟有吸引力呢？招生遵循的是先来先招待的原则，我们从来没有招满了这种说法。这就意味着我们学校的学生是任何想来我校并且得到父母准允的孩子，包括爱动脑筋的孩子、超级活跃的孩子、“常规”孩子和“零理想”的孩子，什么样的情况都有。大部分家庭选择把孩子送到瑟谷学校，目的是寻求在公立学校得不到的东西，那就是让孩子获得根据自己的时间表和自己的愿望去发展的自由。

这里完美吗？并不完美。但这里极其鼓舞人心、令人兴奋。

瑟谷学校是运作中的民主制社会。校务会议每周召开一次，直接或授权处理所有的管理工作。每位学生和员工都要投一票，会议的议程安排有条不紊。校务会议每年精心做一次预算，因为收取的学费很低，有必要节省开支，不能把钱花在不必要的事情上。是的，孩子们知道这一点，而且更能严格地判断出什么是——或不是——必要的花销。① 通常要经过好几个星期诚挚的自我反省式讨论，校务会议才通过一项规章制度。其中包括“不要乱扔东西”，永远不要走进小池塘，可以在哪间屋里吃东西、在哪间屋里听收音机，以及其他一些保护个体权利的规定。小组要组织开发特殊兴趣活动，若需要资金或场地，得要校务会议通过。谁要是认为小孩子在这些方面不甚明智，只消参加几次这样的校务会议，就会知道自己错了。

校务会议授权小组或其推选的个人承担某些事务的责任。我们大家都有责任，而且每时每刻都充分意识到自己的责任所在。校务会议还讨论候选工作人员，进行为期一天的全校无记名投票，选出工作人员，并根据这次投票确定的要求与之签订

---

① 瑟谷学校也许是世界上唯一一所这样的学校，在 40 年的时间内，每位学生的花费只以通货膨胀的比例上升。

协议。没有终身制岗位。

校务会议还设有一个小组对违反规章制度的行为进行处理。这一小组的名称是司法委员会，其工作是对可能违反规章制度的书面申诉展开调查，确保公义的实现，并且总是留意应有的程序。这么做起作用吗？肯定会起作用。同龄人的正义产生了惊人的效果。经常有违反规章制度的情形，但是违反者通常都很平和地承认发生的事情并接受惩罚。

我们没有课程设置。不过，你若把孩子送到我们学校，有些东西他们肯定是要学的。他们学习如何讨论，如何索要自己想要的东西并确保能得到。他们学会思考伦理问题。他们学会如何集中注意力，在我认识的成年人中，很少有人能像他们那样集中关注一件事情，这就会产生效果。这种关注就像五岁的孩子专注地堆沙堡，七岁的孩子专注地画画，十一岁的孩子专注地搭姜饼屋①，九岁的孩子专注地下棋，十二岁的孩子专注

① 姜饼屋（Gingerbread House），星期天在教堂制作姜饼屋，是美国人过节的传统之一，用饼干、糖果、奶油等搭小房子，可以看，可以吃。据说姜饼屋起源于德国格林童话《糖果屋》，讲的是一对兄妹误闯巫婆糖果屋的故事。后来，姜饼屋成为童话故事的素材。19世纪初期，德国民间开始流行制作各种造型的姜饼屋，并逐渐成为圣诞节应景的食物，意义相当于我国的年糕。——译者注

于龙与地下城的游戏[1]，八岁的孩子专注地爬上40英尺高的水青冈树，十五岁的孩子专注于写故事，十七岁的孩子专注于做盔甲，十八岁的孩子专注地准备毕业。这种准备会对他们成年之后的每种追求都极为有用。

（几年前）有一个由八九位年轻人组成的小组，成员的年龄大约为12～19岁。有两年的时间，他们时而合作，时而独自制作链子盔甲。这正是瑟谷学校内部情形的绝佳例子。学校里没有成人启发他们。事实上，没有成人帮助他们。他们已经做出了背心、头盔和手套。他们开始用的是一团电线。他们必须把这团电线变成数以千计的开口小圆圈，方法是把电线仔细地缠绕在一根细细的金属钉上或者几根粗细不等的钉子上，把线圈剪成许多开口圆圈。然后，他们极有耐心地用钳子把圆圈拧在一起做成美丽的罩子，通常使用金线编织花型。他们对历史了解甚多，他们还对如何产生并发展一种兴趣甚为了解，了解如何长时间地努力为一个目标而奋斗，这一目标对他人毫无意义但却极大地丰富了努力者的人生。

---

① 龙与地下城的游戏（Dungeons and Dragons，D & D），脱胎于J. R. R. 托尔金的《指环王》，有纸版游戏，也有电脑版本，是欧美最著名的角色扮演游戏之一。曾被改编出版过400多种读物，20世纪80年代还曾被制作成电视剧集。这个游戏的所有相关产品在全世界的销售额已经超过了10亿美元。——译者注

许多人认为，在这种学校里，要有很多成人跑前跑后，以确保每位学生的需求得到满足，为每个人铺平道路。实际上，这恰恰不是我们所需要的。这里人人都是教师，人人都是自我教育者。大体而言，孩子从成人那儿需要的不是很多的教导，而是成人对他们表达出来的需要进行心甘情愿的指导。孩子希望自己周围的成人在社会上非常成功，拥有令其满意的兴趣和活动，而且还致力于发展这些兴趣和活动。瑟谷学校的孩子似乎想从教职员工那里寻找性格的深度。他们需要那些走进自己内心、可以聆听并理解正在经历同样过程的孩子的人。他们想要找年龄大些的更有经验的朋友，不管是比他们年长的学生还是成人。他们想拥有更多的备用资源，但又不想一定要利用任何一种资源。换言之，智慧是非常珍贵的。成人是那些在你的世界观发展时可以向之求助的具有更宏大世界观的人。

这种教育如何完成呢？不存在结束这一神奇时刻。弥漫在学校里的思想是，你一生中每天都要学习。不过，有时候，大部分学生会觉得自己想换个环境。也许，他们想尝试一下独立生活；也许，他们想继续在院校——比如大学——里发展自己的兴趣，因为那里有更多的人对此感兴趣；也许，他们已准备好在更大的社会里做学徒工；也许，他们已经磨炼出一种技能，足以一辈子用它从事工作。他们可能离开学校到社会上经营小本生意，或做职业厨师，或研究服装设计，或努力进入音乐界。

许多人离开学校迈入人生的下一步时都非常兴奋，但大多数人都是极不情愿地离开。他们带走的东西没有分数、成绩报告单、评估表、修完的课程单。他们确确实实带走的是一种坚定的信念，即他们可以做自己想要做的事情。我们发现，瑟谷学校的学生具备把事情做好的素质。他们已经习惯于努力做事。他们习惯于独立做事。他们习惯于克服困难。他们认识自己。他们可以描述自己的强项和短处以及自己采用的取长补短的办法。由此看来，他们在接下来的追求中会相当成功。他们进入自己想去的大学，其中就包括他们决定上大学的过程。他们总是探索自己的兴趣，他们选择的大学正是其兴趣可以得到满足的地方。还有就是他们接受采访时给人留下的印象。每个人讲得都跟内行一般。因为他们一年又一年地进行交谈、辩论，思考真正的问题，因此他们具有极强的表达力。

为什么这么棒的学校不是常规惯例呢？难道瑟谷学校不是已经在许多地方被人仿效了吗？答案并不那么简单——不过也许很简单。孩子完全自由的想法让大部分人觉得受到威胁。提出的反对意见是这样的："但是有些基本的东西——你怎么确保每个孩子都学到了呢?"我们这些在瑟谷学校的人并不那么肯定有任何基本的东西。我们所肯定的是，我们的学生处于真实的环境中，这个环境完全与大社会连接在一起。要是有什么人人都应该学习的东西，学校里的孩子对这一点的了解根本不会比成人差，这要靠他们自己来确保学到了这种东西。通常，人们听到大部分学生可以在仅仅20个小时的课堂学习里就能学到所有的基础数学时，他们就非常生气。他们觉得自己被骗了，因为他们花费了一年又一年的时间重复性地学数学。这要么是因为他们讨厌数学，对它不感兴趣，学得很差；要么是因为他们学得很快，但却被告知他们必须得反复练习，否则就会忘得一干二净。那我来问你，要是真正基本的东西，你会真的忘记吗?

但是，这些人真正想说的是："要是没有严厉的权威去管控孩子的话，他们不就失控了吗?"《蝇王》[①] 所厌恶的是：拥

---

① 《蝇王》(*Lord of the Flies*)是诺贝尔奖获得者英国著名小说家、诗人、剧作家威廉·吉拉德·戈尔丁(William Gerald Golding，1911—1993)创作于1954年的小说，也是他的第一部小说，当时销售得并不好。20世纪60年代它成为许多学校的必读书目。1963年由彼得·布鲁克改编成电影。小说书名有时被认为是撒旦的同义词，因此成为混乱时代权力斗争的隐喻。——译者注

有自由的孩子很快会变成残忍的动物。然而，我们的孩子并没有处于敌对的、充满学习压力的环境中。他们在一个有序的、尊重规则的社会里自由行事。没错，他们是有改变规则的自由，但只在他们能够说服他人改变规则是明智的时候，方才如此。他们是自由的，周围看到的是那些希望完全自由之人所拥有的行为规范模式。

## 朝着理想奋进

学校创建者心中十分明白，而且在建校 40 年来一直都非常清楚的是，瑟谷学校是发展中的作品，一直在努力奔向其设想的理想状态。这是一个永无止境的过程。这一点在两个方面不言而喻：一是学校孜孜不倦地决心要依据自己的基本原则审视所采取的每个行动；二是学校努力排除那些阻碍实现其原则的不协调行为。①

举几个例子有助于说明这种情况。学校刚成立时，尽管从一开始学生都在自由地玩耍，但玩耍在（成人和儿童）学习的

① 关于这种重新考察的例子，参见 Daniel Greenberg，*A Clearer View*，Framingham，MA：Sudbury Valley School Press，2000。

各个方面的重要性几乎不为人所重视。随着时间的流逝，玩耍的丰富性、深度、对创造性过程的重要性、与快乐及意义追求之间的关系，所有这些都逐一显露出来。发展心理学只是在最近才开始更为深入地探索玩耍，但是即使到了现在，像瑟谷这样的学校仍然是我们看得到的能够给予儿童充分自由去尽情玩耍的唯一现有的实验机构。

同样，交谈——尤其是自由顺畅、涉猎广泛的交谈——在提高和促进学习方面所发挥的作用，随着时间的推移愈发彰显出来。人们不禁感到纳闷，日常生活中如此明显的东西，怎么会在如此长的时间里有如此多的人搞不明白，尤其是那些致力于儿童和成人教育之人怎么也会搞不明白。类似的情形也适用于不同年龄者混杂在一起所带来的无价益处。不同年龄者混杂这一因素首先是俄罗斯心理学家列夫·维戈茨基[①]注意到的（尽管是在有限的背景之下），在教育领域却没有得到广泛认可。

---

① 列夫·维戈茨基（Lev Vygotsky，1896—1934），苏联建国初期的杰出学者，20世纪最伟大的心理学家之一。他从未接受过任何正规的心理学教育，却开创了心理学研究的新领域，被称为心理学方面的莫扎特。1925年出版的《艺术心理学》把他引上心理学研究之路。维戈茨基认为人类的特征是“基本社交性”，理论分析使他得出了关于儿童发展理论的合乎逻辑的结论。——译者注

瑟谷式学校中弥漫的气氛在许多方面都独一无二。[①] 这种氛围充满活力，生机勃勃，洋溢着热情。体现在学校平等主义民主中的准允，转化成自信、不畏失败、愿意冒险和涉入新领域。这种准允不在年龄方面做任何区别对待，从最小的四岁孩子到年龄最大的工作人员都包括在内。给予所有股东平等的发言权成为学校经营和生存各个方面的共同责任，从确立行为准则到同龄人司法系统——来调查、评判违反规则的行为——都统统涵盖在内。

下面是一个从四岁起就待在瑟谷学校一直到毕业的人的回忆，其中尤为生动地描绘了学校的氛围以及学生把学校目标内化的方式：

> 我们有自己的小天地。我还记得那种气氛：极大的挑战。每天，我们都有挑战要应对。也许，现在我已经非常善于在大楼里走来走去，或是做类似的事。但那时这是我真正害怕的事情，可还要继续下去。我们一组人同时做这样的事。
>
> 我们都很忙。大部分时间，我们都在拣困难的事情

---

① 《童年的王国》（*Kingdom of Childhood*，Framingham，MA：Sudbury Valley School Press，1994）是一本收录 30 多篇回顾学校生活的文章的集子，是具有广泛兴趣和各种性格特征的先前学生撰写的。

做。在瑟谷，总有些年龄大的孩子做过年龄小的孩子正在尝试做的事情。很自然，你想成为能做这事的一员，于是你就不停地尝试，直到自己会做。每件事都要你“往下再走一步”。我不知道这是为何。有种东西很自然地推着你想试一试。这种状态从来没有停止过。每件事情都是一个挑战。

而且，这种氛围永远不会让人觉得厌倦和无聊。我在生活中从没觉得无聊过。我在瑟谷忙极了！人们常常感到纳闷，是不是毕业后返校的那些年龄大些的孩子能帮助我们了解我们的生活将会是什么样的。回答很简单，“不是”。我们就在生活之中。我们不把生活视为“将会是什么样的”。

人们谈论自己的童年，而我度过了一个极棒的童年。我11岁时，想永远就停留在11岁。我开心极了。人们总说起永远没有机会做自己想做的事情，而我做了18年自己想做的事情。我从未采取过挑衅的态度，说我从来没有做过自己想做的事情。我认识的许多人都有过这种挑衅的态度。

多年来，我一直听说瑟谷能教会你什么是责任。我可以用一些漂亮的辞藻谈谈这一点，让你相信我知道自己在说什么。“瑟谷给予你为自己负责的自由，设定像社会法规那样的标准让你必须遵守，由此教会你责任。”有一天，那时我一定有 9 岁或 10 岁了，我脑海里突然闪过一道亮光，我明白了**责任**这个词意味着什么。我一直就像对待我的名字一样对待责任。**责任**是你用来描绘这个学校时所用的称谓。我终于明白了这个词语意味着什么，这对我而言是值得庆贺的。“噢，上帝！他们说的**责任**就是这个意思啊！”我一直在承担责任，但我没有意识到这个词语指的是我正在做的事情。我想我一定是在思索责任的定义以及责任的实际作用时，才明白了它是什么意思。有一天，我明白了！

这就是你在学校学到的真正的东西。我们过去常常承担责任，因为你不能把责任推给他人。这是学校里最难的事情。在你很小的时候，这一点都不难，因为孩子就是这样。小孩子想为自己负责。六岁时，你知道自己想要什么。你想要理解这个世界，你想忙碌起来，你想做事情。你不想再跳过昨天跳过的那条小河沟。

然而，到了青少年时期，这一点就难了。这时，你对自己不满意，你努力寻求一种身份。你想把对自己不满的地方怪罪在别人身上。你并不清楚地知道要往哪个方向走，因此承担做出选择的责任令你非常懊恼，引起你的焦虑。

孩子在很小的时候就去上学，不明白所做事情的意义。有时候这些事情对我们而言就定型了。比方说，从外边来的孩子觉得校务会议不可思议，而待在里面的孩子觉得这很正常，但不太明白这究竟是怎么一回事。然后，这就定型了。我总觉得这很合理。从四岁起，我就知道在那儿肯定有我一票。我知道，在会上，我们聚在一起，规划学校的经营，讨论并投票。我知道，在这里可以解决司法委员会上没有解决的司法问题，这些都是大问题。如果有我想解决的问题，我当然要去参加会议啦。即使我们才六七岁，我们也要为自己相信的东西参与活动。

我们给教职员工投票，他们就是这样选出来的。实际上，孩子们为那些他们心目中的好员工投票。对此，他们极为认真，即便他们才六岁。我们思考这事，讨论这事，关心这事。我们觉得自己跟其他人一样有权利做出决定。我们觉得自己跟12岁的孩子没有什么不同。

我总是认为自己已经长大成人。在每个年龄段，我觉得自己不是在长大，而是成为一个完整的人。我不是一个小孩子或大孩子，而是“我”。比如，“当然我不是

> 六岁啦。我是'我'，一个有投票权的人。"我不比15岁的孩子或者成人的力量弱小，我认为这一点很正常。[①]

在建校以来的40年间，学校已经送走了许多毕业生，看到他们在社会上为自己谋得一席之地。他们选择的职业覆盖了美国所有的职业类型：学者、商人、专业人士、艺术家、农民、职员、经理、企业家，涉及诸多不同领域。已经有了两个关于校友的重大研究，深入地描述了该校毕业生的丰富生活。[②]

在一篇简短的概述性文章里，不可能充分描绘这些研究的丰富性以及校友生活的全貌。但是，下面摘选了对三位校友的访谈，也许可以让人一窥他们的集体生活：

> 我非常满意。我的哲学是：如果你不满意，那你就做得不合适。因此，我要是对什么事情不甚满意的话，我就改变它。这是转变道路方向，确保你正在做的事情给你带

---

① *Kingdom of Childhood*，Framingham，MA：Sudbury Valley School Press，1994，Chapter 1.

② *Legacy of Trust*，Framingham，MA：Sudbury Valley School Press，1992，and *Pursuit of Happiness*，Framingham，MA：Sudbury Valley School Press，2005. 前者的两个附录部分收录了两个更早期的研究。

来你会喜欢的选择。所以，沿着这条道路往下走时，你要一直迈向最终会给你带来这些选择而非自己不喜欢的选择的方向。过去曾让你陷入麻烦的事情，你就不要再去做。因此，与其说这是一件有意识的事情，不如说是你在向前走的过程中学到了东西，你避开过去发现的不甚喜欢的局面和东西。

我觉得，决定要做什么事情时，我就去做，但事情的结果从来不会跟你想象的完全一样。我在孩提时代曾经幻想过自己的生活会是什么样的。我现在39岁了，如今的状况跟那时的幻想完全不一样。你到了生活的某一点，意识到生活不会完全是你计划的那样，这没关系。你对你的生活不能完全控制，这也是一种乐趣。我只是不停地向前走，看看生活究竟能把我带向何方，而且无论身在何处，我都会感到心满意足。

我在极大程度上控制着我的生活。这就是瑟谷的全部。你要么开足马力，要么坐守不前，这全凭你自己。而且，你是唯一一位能够真正影响你的生活之路以及你的教育的人。责任全在你自己的肩上，这当然使我得到了回报。有时候，我想放弃；有时候，我会说："为什么是我呢?"但是，你不能这样。你必须为那些发生在你身上、不是某种不可预测的外力所造成的一切事情承担责任。[1]

没有理由躲避在美国以及全世界进行教育改革这一令人生畏的事业。尽管理想教育和终身学习是永远不可能完全实现的完美目标，但是在现实生活中，在自我修缮的院校里，当然还是可以日益趋近这一目标的。即便教育界的那些大腕们不愿意合作，而且大多是在受到他们顽固反对的情况下，21世纪的文化现状也正在促使着这一变革的实现。在人们的生活遭到毁坏、主动性受挫伤的情形之下，毫无理由为这种充满矛盾的渐进主义付出代价。职业教育者、政治家、商界领袖积极合作，共同加快这一改革的步伐，对全球产生的益处再强调也不过分。

---

① *Pursuit of Happiness*, Framingham, MA: Sudbury Valley School Press, 2005, pp. 232, 334, 335.

# 后 记

我们在尝试提出一个理论原则，从而在本质上重新设计我们的全国性教育体制。这一设计将会产生能够扭转当今社会呈退化趋势的公民。我们在尝试设计一种体制，这种体制将会产生不断进行自我发展、承担责任、具有创造力的公民。

完全实现一种理想化的设计几乎是不可能的。通常可能的是接近这一理想，有些离得近一些，有些则很远。最初，可能很少有人能够触及我们在本书中提到的所有设计元素。但是，随着时间的推移，相继而来的更为接近理想的设计就会变得可能。

尽管我们的设计是寻求理想式的设计，但是这一设计的每一方面都已成功地得到运用，只是尚未达到全国性的规模。我们写作本书的目的，就是希望能够激励和促进其规模变得越来越大。

我们希望读者阅读本书时，能够像我们写作本书时那样受到激励。

# 译后记：学习的另一种视野

20 世纪 60 年代，对学习效能所做的研究向传统学校教育提出了严峻的挑战，这导致了非学校化社会思潮和终身学习（又称“终身教育”）理念的出现。非学校化社会思潮引发了一些激进的学校改革试验，并取得了令人惊讶的效果，如美国著名的自主学习型学校——瑟谷学校。这里不设课程，没有学分要求，没有特定教室，没有教师，只有工作人员，不分年级，不设在学记录。只要不影响他人，学生可以做自己喜欢做的任何事情。瑟谷学校的教育理念很简单：天生的好奇心是学习最好的驱动力，孩子会因好奇心而主动地探索他周围的一切。结果，瑟谷学校的孩子毕业后都在做他们自己真正想做的事情，而且做得很好。

沃顿商学院出版的《翻转式学习：21 世纪学习的革命》一书透过两位著名学者独特的视角，把这一教育理念生动地展现在读者眼前。两种声音（文中使用背景色加以区分）的对话、交流和融合，最终抵达其所要阐述的思想：21 世纪的学习是终身学习的过程，21 世纪的教育应该顺应时代的潮流，迎合个体的发展需求。本书为我们提供了一种看待世界、看待教育的新颖视角和具体操作方法。内容贴近生活，语言现代，涉猎广泛，显示了作者深厚的学术功底和敏锐的洞察力。

译者遵循的思路是，译文尽可能保留原作的思想内容和语言特色，同时符合中文读者的阅读和思维习惯。在翻译本书的过程中，译者也尽量去实践瑟谷式教育与学习理念。译者期冀实现了这一目标，同时也希望读者阅读本书时能够体悟到这一尝试。

译文一大特点是为原著中的相关文化信息加上注解，以脚注的形式出现，并附上重点内容的相关出处，有兴趣的读者可以进一步查阅和研究。这样做的目的是，尽可能提供美国教育的背景信息和文化语境。读者看到的不仅仅是美国教育的一种独特、全新的视角，还可以一览美国人的思维方式和总体文化格局。这在全球化的今天，对于培养全球性视角和思维，具有相当重要的学术意义和文化价值。正如本书所言，“在这里，互联网也发挥着关键的核心作用”，因为译者从互联网上汲取了许多有用的背景信息。这其实正是本书作者倡导的教育理念的一种具体展示。

译者作为一名大学教授、一位母亲，在翻译本书的过程中，感觉深受启迪，获益匪浅。正像美国历史学家亨利·亚当斯所言：“教师的影响是永恒的。他永远不会知晓其影响有多么深远。”又如英国诗人乔叟所言：“勤学之人才会乐意施教。”美国教育家 B. F. 斯金纳的看法尤具启迪意义，他说：“如果我们将学过的东西忘得一干二净，最后剩下的东西就是教育的本质了。”译者还深切地体会到，翻译不仅仅是把两种语言相互转换的过程，更是两种文化相互碰撞的过程。因此，翻译是学习的过程，是信息、知识和研究融合的过程，需要译者进行诸多的思考和大量的研究，要有追根溯源的信心、耐心和恒心。这其实就是终身学习的过程，正是本书作者所倡导的理念的具体化。

自主型的终身学习这一教育路径向传统教育提出了极大挑战。尽管平等的教育机会是一个既理想又可行的目标，但在以义务教育为基石的现代教育体制内却遇到了许多障碍。终身学习的理念最早出现于赫钦斯于 1968 年出版的《学习型社会》一书中。家庭和社区对学生的整体学习效果有很大影响，未来的教育应该在学校教育与校外教育之间建立完善的体制，使教育不再是精英分子的特权，亦不专属于特定的年龄阶段，而能融入整个社会、每个人的一生中。整个社会成为学习型社会，终身教育理念逐渐深入，学习型学校日益普及，也可视为社会进步的一大标志。

本书的对象是那些教育理论家、为人师表者、为人父母者和广大的求学者，以及所有关注中国教育发展的仁人志士。期望这本书的翻译出版能够在这些方面提供有益的启示。

是为后记。

**杨彩霞**

2009 年仲秋

于时雨园

# 附：译者简介

杨彩霞　北京外国语学院翻译学硕士（1993），中国人民大学文学博士（2002），中国人民大学外国语学院副教授，加拿大维真学院《基督教思想评论》客座编辑，加拿大英属哥伦比亚大学访问学者（2001），美国伊利诺伊大学 Freeman Fellow 访问学者（2007）。主要从事英美文学、文艺理论的研究、教学和翻译，侧重英美文学与基督教文化关系的研究。著有《20世纪美国文学与圣经传统》、《英汉翻译理论与教学研究》，译有《中国印度之智慧》、《吝啬鬼、泼妇、一夫多妻者》、《方舟故事》、《化身博士》、《全球化时代的文化分析》等11部著作，在《外国文学》、《作品与争鸣》、《基督教文化学刊》等期刊发表学术论文、译文20余篇。

## 提升青少年核心素养推荐书目

| | 书号 | 书名 | 作者 | 定价 |
|---|---|---|---|---|
| 教育理念 | | | | |
| 1 | 26940-5 | 深度学习：批判性思维与自主性探索式学习 | 莫妮卡·R. 马丁内斯 | 39 |
| 2 | 20264-8 | 翻转式学习：21 世纪学习的革命 | 丹尼尔·格林伯格 | 39 |
| 3 | 26207-9 | 因材施教：个性化教学的灵感与策略 | 罗伯特·阿多特 | 39 |
| 4 | 20448-2 | 慕课：人人可以上大学 | 乔纳森·哈伯 | 39 |
| 5 | 待出 | 迷人的教学理念：多样性写作、批判性思维与主动学习（第 2 版） | 约翰·宾 | 38（估） |
| 6 | 待出 | 以学生为中心：交互式课堂中的情感、理智与实践 | 罗伯特·阿多特 | 39（估） |
| 青少年哲学启蒙读物 | | | | |
| 7 | 24947-6 | 爱智书系·哲学就是爱智慧 | 朱正琳 | 20 |
| 8 | 24951-3 | 爱智书系·精神的故乡 | 周国平 | 20 |
| 9 | 24952-0 | 爱智书系·我们对世界的认识 | 周国平 | 20 |
| 10 | 24949-0 | 爱智书系·美是幸福的时刻 | 舒可文 | 20 |
| 11 | 24948-3 | 爱智书系·思维迷宫 | 赵汀阳 | 20 |
| 12 | 24950-6 | 爱智书系·信仰之问 | 何光沪 | 20 |
| 13 | 24953-7 | 爱智书系·历史的灵魂 | 李公明 | 20 |
| 14 | 23439-7 | 织梦的男孩：一场穿越现实的哲学之旅 | 杰克·鲍温 | 49 |
| 15 | 20081-1 | 你会杀死那个胖子吗？ | 戴维·埃德蒙兹 | 38 |
| 16 | 22278-3 | 柏拉图的车贴 | 杰克·鲍温 | 45 |

续前表

| | 书号 | 书名 | 作者 | 定价 |
|---|---|---|---|---|
| 青少年创意写作书系 | | | | |
| 17 | 25756-3 | 会写作的大脑1：梵高和面包车 | 邦妮·纽鲍尔 | 68 |
| 18 | 25757-0 | 会写作的大脑2：怪物大碰撞 | 邦妮·纽鲍尔 | 68 |
| 19 | 25758-7 | 会写作的大脑3：33个我 | 邦妮·纽鲍尔 | 68 |
| 20 | 25759-4 | 会写作的大脑4：亲爱的日记 | 邦妮·纽鲍尔 | 68 |
| 21 | 26546-9 | 奇妙的创意写作：让你的故事和诗飞起来 | 凯伦·本 | 88 |
| 22 | 19325-0 | 写作魔法书·让故事飞起来 | 加尔·卡尔森·莱文 | 26 |
| 语文学习 | | | | |
| 23 | 20449-9 | 语文课：让孩子走向成熟并再次天真 | 连中国 | 39 |
| 24 | 23618-6 | 语文课Ⅱ：师生共同步入葱茏草色与万丈原野 | 连中国 | 45 |
| 25 | 26733-3 | 语文课Ⅲ：隽永的兴味与坚强的思考 | 连中国 | 39 |
| 26 | 22705-4 | 有趣的语文：一个语文教师的“另类”行走 | 凌宗伟 | 39 |
| 27 | 25947-5 | 文学经典怎么读——从IB中文到批判性阅读 | 钱佳楠 | 49 |
| 28 | 26595-7 | 生长式语文课堂 | 贾桂强 | 59 |
| 批判性思维与中学课程学习 | | | | |
| 29 | 17963-6 | 逻辑思维能力与素养 | 杨武金 | 39 |
| 30 | 18130-1 | 课堂中的逻辑味道——让理性引导教与学 | 汪馥郁 | 49 |
| 31 | 23670-4 | 批判性思维与中学语文学习 | 欧阳林 | 36 |
| 32 | 23099-3 | 祛魅与祛蔽：批判性思维与中学语文思辨读写 | 余党绪 | 45 |

续前表

| | 书号 | 书名 | 作者 | 定价 |
|---|---|---|---|---|
| 33 | 待出 | 批判性思维与中学物理 | 汪明 | 39（估） |
| 34 | 待出 | 批判性思维与中文语文阅读教学 | 欧阳林 | 39（估） |
| 35 | 待出 | 批判性思维与中学历史 | 林娟 | 39（估） |
| **批判性思维进阶读物** | | | | |
| 36 | 24642-0 | 批判性思维教与学：帮助学生质疑假设的方法和工具 | 斯蒂芬·D. 布鲁克菲尔德 | 48 |
| 37 | 23337-6 | 批判性思维与创造性思维 | 加里·R. 卡比 | 49 |
| 38 | 19735-7 | 权衡：批判性思维之探究途径 | 莎伦·白琳 | 59 |
| 39 | 12294-6 | 逻辑的力量（第3版） | 斯蒂芬·雷曼 | 39 |
| 40 | 22469-5 | 避开思维陷阱：跟心理学大师克兰学习正向思维 | 阿伦·马丁·克兰 | 35 |
| 41 | 18179-0 | 可笑的思维谬误：批判性思考与查错神经 | 冀剑制 | 28 |
| 42 | 25451-7 | 水平思考：如何开启创造力 | 爱德华·德博诺 | 58 |
| **青少年素养：行为、科学与艺术** | | | | |
| 43 | 25760-0 | 拒绝粗鲁：青少年的行为修养 | 亚历克斯·巴克 | 68 |
| 44 | 18485-2 | 道德的理由（第7版） | 詹姆斯·雷切尔斯<br>斯图尔特·雷切尔斯 | 35 |
| 45 | 13328-7 | 生活的意义（修订版） | 陶黎宝华 甄景德 | 38 |
| 46 | 14726-0 | 世界文明史（第四版·精装本） | 丹尼斯·舍曼 | 128 |
| 47 | 13984-5 | 超个体：昆虫社会的美丽、优雅和奇妙 | 伯特·荷尔多布勒 | 39 |
| 48 | 11454-5 | 爱因斯坦的望远镜：搜索暗物质和暗能量 | 艾弗琳·盖茨 | 39 |

续前表

| | 书号 | 书名 | 作者 | 定价 |
|---|---|---|---|---|
| 49 | 25737-2 | 机器人与人 | 约翰·乔丹 | 49 |
| 50 | 待出 | 改造后代：生物工程社会的未来 | 迈克尔·贝斯 | 58（估） |
| 51 | 25214-8 | 数学极客：花椰菜、井盖和糖果消消乐中的数学 | 拉斐尔·罗森 | 38 |
| 52 | 23938-5 | 疯狂的罗素（彩色漫画版） | 阿波斯托洛斯<br>赫里斯托斯 | 89 |
| 53 | 18953-6 | 感知艺术：公共艺术教育导论（第9版） | 丹尼斯·J. 斯波勒 | 69 |
| 54 | 23378-9 | 艺术形式（第11版） | 帕特里克·弗兰克 | 168 |
| 55 | 20517-5 | 艺术中的人文精神（第8版） | F. 大卫·马丁<br>李·A. 雅各布斯 | 148 |
| **心理治愈读本** | | | | |
| 56 | 23573-8 | 注意力曲线：打败分心与焦虑 | 露西·乔·帕拉迪诺 | 36 |
| 57 | 22286-8 | 友谊 | A. C. 葛瑞林 | 39 |
| 58 | 21919-6 | 气质 | 奥里森·斯威特·马登 | 36 |
| 59 | 22895-2 | 尊严 | 唐娜·希克斯 | 39 |
| 60 | 23019-1 | 幸福的科学 | 亨利·史密斯·威廉姆斯 | 36 |
| 61 | 16518-9 | 意念的治愈力 | 詹姆斯·约瑟夫·沃尔什 | 36 |
| 62 | 21416-0 | 悲伤的另一面 | 乔治·A. 博南诺 | 39 |

**图书在版编目（CIP）数据**

翻转式学习：21世纪学习的革命/（美）阿克夫（Ackoff，R. L.），（美）格林伯格（Greenberg，D）著；杨彩霞译．—北京：中国人民大学出版社，2014．11

书名原文：Turning learning right side up：putting education back on track

ISBN 978-7-300-20264-8

Ⅰ．①翻… Ⅱ．①阿…②格…③杨… Ⅲ．①教育模式-研究 Ⅳ．①G40

中国版本图书馆CIP数据核字（2014）第252783号

**翻转式学习**：21世纪学习的革命

拉塞尔·L. 阿克夫<br>丹尼尔·格林伯格 著

杨彩霞 译

Fanzhuanshi Xuexi

---

| | | | |
|---|---|---|---|
| **出版发行** | 中国人民大学出版社 | | |
| **社　　址** | 北京中关村大街31号 | **邮政编码** | 100080 |
| **电　　话** | 010－62511242（总编室） | | 010－62511770（质管部） |
| | 010－82501766（邮购部） | | 010－62514148（门市部） |
| | 010－62515195（发行公司） | | 010－62515275（盗版举报） |
| **网　　址** | http://www.crup.com.cn | | |
| **经　　销** | 新华书店 | | |
| **印　　刷** | 北京联兴盛业印刷股份有限公司 | | |
| **规　　格** | 135 mm×190 mm　32开本 | **版　　次** | 2015年1月第1版 |
| **印　　张** | 9.625 插页2 | **印　　次** | 2022年12月第15次印刷 |
| **字　　数** | 157 000 | **定　　价** | 58.00元 |

---